# 川路ゆみこ の ニット & クロッシェ

着る、
巻く、
持つ。

# 川路ゆみこの ニット & クロッシェ

着る、
巻く、
持つ。

2本の針で編む姿が「編み物」らしい棒針編み（＝ニット）、
小さな道具ひとつでできるかぎ針編み（＝クロッシェ）、
この本では両方の作品を紹介しています。
ふたつの編み方には、
（棒針）と （かぎ針）のマークをつけました。

## 巻く

# 1

# 持つ、身につける

# 2

# 着る

# 3

# 巻く

## 1

私の大好きな編み物をたくさんお届けする『ニット＆クロッシェ』、
始めにお届けするのはショールなどの「巻き物」です。
寒いときにさっと羽織るのにとても便利。
また夏の冷房対策にしたり、シンプルな服に変化をつけたりと楽しめます。
お洋服と違って、ゲージを気にせずに編んで、
出来上がりサイズが表記と違っていても気にならないのもうれしいですね。
基本的にとじはぎもありませんから、
編み物初心者の方にも取り組みやすいアイテムです。

## フラワーモチーフをつないだストール

遠目でも花の形がはっきりと見える、
大ぶりのモチーフを編みながらつないだストールです。
細めの糸を使って、薄く、モチーフの間を透かして編むから、
存在感はあるのに軽やか。生成り糸だからどんな色とも相性よく、
大判で使いやすい1枚です。
長さや幅は好みで、モチーフの数で調整できます。

作り方
47ページ

# 縄編みとイギリスゴム編みのケープ

ハートを重ねたような縄編みと、
引き上げ目で編むイギリスゴム編みを交互に配置。
ケープの形をシンプルにすることで、
編み地の立体感がより際立ちます。
屋外でも室内でも、肌寒いときに肩を柔らかく覆う、印象的な1枚です。

 **作り方**
48ページ

# 透かし模様のショール

ニュアンスある糸で透かし模様を編んだショールです。
細糸で編んでいるので厚すぎず幅広。
男女問わず似合うダイヤ柄だから、
着こなしも選びません。プレゼントにもおすすめです。

作り方
50ページ

# 地模様のマフラーとコサージュ

ストレートヤーンで編んだシンプルなマフラー。
表目と裏目を規則正しく編んで作った、きりりとした雰囲気の地模様です。
かぎ針で編んだ共糸のコサージュをさりげなく留めて。

作り方
51ページ

# シェル模様のマルチスヌード

長方形の編み地の端にボタンをつけて、輪にしたスヌードです。
150cmの長さを行ったり来たりしながらシェル形を積み重ねた模様編み。
一重なら通したひもを絞って、
もっときゅっと絞ればケープ状に、二重にぐるぐる巻けば暖かく、
さらにボタンを外せばショールとして……マルチに使える1枚です。

 作り方
**52ページ**

# 直線編みのファーつきケープ

かぎ針編みで2枚の長方形の編み地を作ってはぎ合わせ、
すそをファーヤーンで編みつけます。
柔らかい色合わせで、あたたかな雰囲気。
角を前後にするとえりはVネック、わきにするとボートネックに。

**作り方**
54ページ

# 台形のレーシーショール

花のような模様編みの春夏の台形ショール。
幅広ですが、三角ショールほど丈がないので編みやすく、
見た目にも軽やか。肩にかけたり、ぐるりと巻いたり、
軽く結んだりとさまざまに楽しめます。
端につけたタッセルもポイントです。

 **作り方**
56ページ

# 持つ、身につける

## 2

バッグなどの小物は比較的短時間で編めるので、
どなたでも気軽に始めていただけます。
ここではお教室や本で人気のある、バッグや帽子、手袋にソックス……
身につけて出かけられるアイテムを作りました。
糸の種類もいろいろ。手芸店で出会ったハッと目を引くきれいな色の糸や、
キラキラ光る糸など、素材のおもしろさで遊んでみても楽しいですね。

## キラキラ糸の台形ハンドバッグ

シルバーと薄いピンクの塩化ビニル製のテープで編むハンドバッグ。
パーティーシーズンにぴったりですが、
ジーンズなどカジュアルな服装にも似合うから、
ふだんの「ちょっとそこまで」にも。
本体を編むときは、少しテープのねじれがあるほうが、
キラキラ感がアップします。

作り方
58ページ

# ネックウォーマーときどき帽子

作り方
60ページ

# ファーつきの透かし編み
# ハンドウォーマー

作り方
60ページ

手の甲は小柄の透かし模様と、白いファーヤーンのガーター編み。
ネックウォーマー（上）は編み地に通したひもを絞れば帽子にもなる2wayです。
ハンドウォーマー（下）は手のひら側をメリヤス編みの長方形に編んで、
わきをとじ合わせるときに親指を出す穴をあけます。
シンプルなコートに合わせたい、ファーがポイントの2作品です。

19

# ストライプ模様のベレー帽

ネップがかわいいツイードヤーンで編んだベレー帽。
ふたつの編み方の境目に引き上げ編みを編んで編み地の違いを強調し、
遠目にもくっきりした模様ができました。
大きさもたっぷりだから、寒い日には耳まですっぽりとかぶることができます。
カジュアルすぎるニット帽が苦手な方にも。

作り方
59ページ

# 縄編みのウールソックス

ふわりとした質感のウール糸で編む、
冬を待ちながら編みたいソックス。
縄編みの大きさが、品よく見えるポイントです。
底とかかとをメリヤス編みにしたベーシックなタイプ。
丈夫にしたい方は、ナイロン混の糸を使うとよいでしょう。

 作り方
**62**ページ

# 北欧模様のミトン

深い赤に白い花模様を並べた、北欧風の編み込み模様。
手首に立体的な透かし模様を合わせました。
見た目もつけ心地もあたたかいミトンは、
色違いも編んで親しい人とおそろいにしたいですね。

 作り方
64ページ

# 花模様の
# マルシェバッグ

作り方
66ページ

# 花模様のフラットポーチ

花模様を編み込んだ、優しい色合わせのマルシェバッグ（左）とポーチ（右）です。
どちらも入れ口のスカラップがチャームポイント。
細い麻糸3本どりで、丈夫に作りました。
2色で模様を編むときは、休ませる糸を編みくるみ、
色をかえる目のひとつ前の目を引き抜く前に、配色糸にかえるのを忘れずに。

**作り方**
**68**ページ

# 巾着ショルダーバッグ

見た目もスマートで使い勝手もよいのが人気の巾着形バッグ。
底を細編みで円形にしっかり編んで、模様編みで編み上がります。
持ち手を1本で持つとショルダーバッグ、2本で持つとハンドバッグに。
持ち手の先につけたリーフ形の飾りがポイントです。

作り方
70ページ

# コサージュのついたラフィア風帽子

こげ茶色の糸で中央からくるくると編むシンプルな帽子。
大きすぎないブリムで、カジュアルにもエレガントにも使えます。
コサージュは少し大ぶりですが、ベージュで作れば帽子になじみ、
コサージュだけでも軽くて夏らしいアクセサリーとして、
服やバッグにつけて楽しめます。

**作り方**
**72**ページ

# ロングタイプのスペアカラー

首もとが寂しいときには、ネックレスもいいけれど
こんなつけえりがあれば、洋服が1枚増えたように印象が変わります。
少し長めの大人向けで、ひもを結ばずに肩にかければ、
ミニショールのようにくつろいだ雰囲気に、
ひもを絞ると、左下の写真のようにより若くかわいらしく。
生成りのシルクコットン糸で編みました。

**作り方**
69ページ

# レース模様のサマーソックス

明るいグレーのリネンコットン糸で編んだ、履き心地さわやかなソックスです。
棒針編みで作るやさしい透かし模様は、サンダルとも好相性。
履き口はゴム編みにせずに、カーブを描きました。
底とかかとはメリヤス編みで丈夫に編むので、実用的で履きやすい一足です。

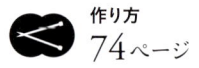

作り方
74ページ

33

# 着る

## 3

編み物に慣れてきたら、
少し頑張ってウエアを編んでみましょう。
着る物は難しい、と思っている方にも編んでほしいから、
できるだけやさしく編めるように、
直線部分が多くなるようデザインしました。
ニットのよさは、着ているうちに体に沿ってくれること。
多少編み目が不ぞろいでも大丈夫。
ひと針ひと針編んだニットは、きっといちばんの
お気に入りのお洋服になることでしょう。

# 七分そでのコットンカーディガン

春や秋に長く活躍する、落ち着いたブルーのコットンカーディガン。
胸から上側と、えりぐりやそで口、すその透かし編みが軽やかです。
そでは身ごろを編み終わったあと編み出しますが、
そでぐりが直線だから間違えにくいでしょう。
棒針編みに自信がついたら、ぜひ編みたい1枚です。

 作り方
76ページ

# リネンのパイナップル編みチュニック

シンプルな服にプラスしたら、たちまち華やかにしてくれるチュニック。
パイナップル編みは流れがあって表情豊か、
なのに難しくないのがうれしい模様。
編み重ねた模様が、すそに向かって自然に広がります。
胸もとから編み下がるので、好みの丈に調節しやすいのも魅力です。

 **作り方**
80ページ

# まっすぐ編みのボーダープルオーバー

増減のない編み地だけで構成されるプルオーバー。
前後2枚の身ごろを直線に編んで肩でつなぎ、そでを編み出しました。
編み地もシンプルながら、ときどき入る裏編みと配色が効果的。
ほどよい長さの着丈で、パンツにもスカートにもすっきりと合わせられます。
寒い日にはインナーに長そでシャツを。

 **作り方**
82ページ

# すそスカラップのチュニック

ウエスト下からの模様編みの切り替えがポイント。
1模様の大きさの違いで、下側のスカラップが自然と広がり、
きれいなシルエットが実現します。
身ごろはしっかりとした編み地なので、
夏はインナーにタンクトップ1枚で、涼しげに着こなしましょう。

 作り方
84ページ

# 透かし模様のAラインベスト

肌寒いときの味方のベスト。すそから編み始め、透かし模様を利用しながら
「分散減目」することで、広がりすぎないきれいなAラインに。
ウエスト周りをすっきり見せてくれます。
人気のマスタードカラーは意外にいろいろな色と合わせやすく、
遠目にもあたたかい印象です。

**作り方**
88ページ

# 赤い糸の直線プルオーバー

前身ごろと後ろ身ごろ、2枚の長方形の編み地でできていますが、
着れば「直線」を感じさせないシルエットに。
肩からの編み下がりなので、着丈は模様ごとの長さで調節可能。
鮮やかな色の糸で編んだ、コーディネートの主役になる1着です。

 **作り方**
**86**ページ

# How To Make
作り方

製図の寸法の数字の単位は、特にことわりのない限り、㎝です。
編み方の基礎は92〜95ページに掲載。
使用した糸は91ページに掲載しています。

# フラワーモチーフを
# つないだストール

●**出来上がり寸法** 幅36cm 長さ136cm
●**モチーフの大きさ** 一辺が4.5cmの六角形
●**材料**
中細程度のストレート糸 生成り…175g
●**用具**
5/0号かぎ針、とじ針など

**point**
5枚くらいモチーフを編めたら、つなぎ方を
確認して糸始末をしてしまいましょう。最後
に全部の糸始末をするのは大変なので、途中
で始末しながら編み進めます。

## 編み方
糸は1本どり。
**1** モチーフは①（1枚め）から番号順に編む。
糸輪の編み始めで、1段めは鎖1目で立ち上
がり、細編みを12目編み、引き抜き編みを
編む。2段め以降は編み方記号図を参照して
4段めまで編むが、4段めの細編みは前段の
目と目の間に針を入れて編む。
**2** ②（2枚め）は①と同様に編み始め、「編み
方記号図とモチーフのつなぎ方」を参照し、
最終段（4段め）で①のピコットに引き抜き編
みでつなぎながら編む。
**3** ③（3枚め）以降は②の要領で編みつなぎ
ながら編み、番号順に全部で83枚を編みつ
なぐ。

糸の実物大

## 製図
※○の数字は
モチーフを編んで
つなぐ順番
モチーフつなぎ
83枚

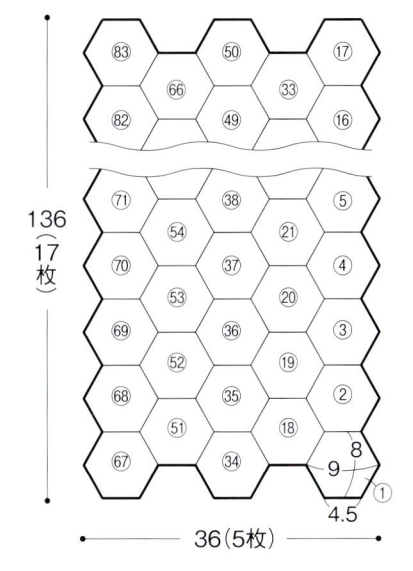

## 編み方記号図と
## モチーフのつなぎ方

◯ 鎖編み
✕ 細編み
┬ 長編み
● 引き抜き編み
長編み2目の玉編み
長編み3目の玉編み
鎖3目のピコット

 前段の目と目の
間に針を入れ、
細編みを編む

先に編んだモチーフの
鎖3目のピコットの
鎖をそっくりすくい、
引き抜き編みで
編みつなぐ

▼ =糸を切る

47

# 縄編みと イギリスゴム編みの ケープ

## ●出来上がり寸法

すそ周り120cm　丈33.5cm

## ●ゲージ

模様編みA　16目＝6cm、30段＝10cm
模様編みB　17目＝9cm、30段＝10cm

## ●材料

並太程度のストレート糸　グレー…185g

## ●用具

10号80cm・60cm輪針、8号60cm輪針、縄編み針、段数マーカー、とじ針など

糸の実物大

## 編み方

糸は1本どり。指定の針で編む。

**1**　10号80cm輪針を使い、一般的な作り目で248目を作って輪にし、ガーター編みを6段編む。

**2**　49ページの編み方記号図を参照し、模様編みA、Bを編む。模様編みAの1段めで増し目をし、17段め以降は全体で目を減らしながら編む（途中、目数が減って編みにくくなったら、10号60cm輪針にかえる）。

**3**　8号針にかえ、1段めで目を減らしてガーター編みを6段編み、編み終わりは表目で伏せ目をする。

---

## 製図

※指定以外、10号針

112目に減らす

ガーター編み　8号針

伏せ目

33.5

52（128目）

模様編みA

模様編みB

120（264目）

9（17目）に増す（●）

ガーター編み

248目作り、輪にする

1.5（6段）

1（2目）

5.5（14目）▲

30.5（92段）

6（16目）

1.5（6段）

---

**∏の編み方**

最後は2目一度を編む

←7

←6

5段め以降は3、4段めを繰り返す

←5

←4

すべり目とかけ目に右針を入れ、2目一度に表目を編む

←3

すべり目をして右針に移し、さらにかけ目をする

←2

←1

表目を編む

*すべり目、かけ目の編み方は92ページ参照。

---

☐ ＝ ｜ 表目

━ ＝裏目

Ｑ ＝ねじり目

※ここでは目と目の間の渡り糸をすくい、ねじり目で1目増す

∏ ＝引き上げ目（左図参照）

⋏ ＝裏目の右上2目一度

⋏ ＝裏目の左上2目一度

⋋ ＝表目の右上2目一度

⋌ ＝表目の左上2目一度

＝4目の左上交差

＝4目の右上交差

● ＝伏せ目

**編み方記号図**

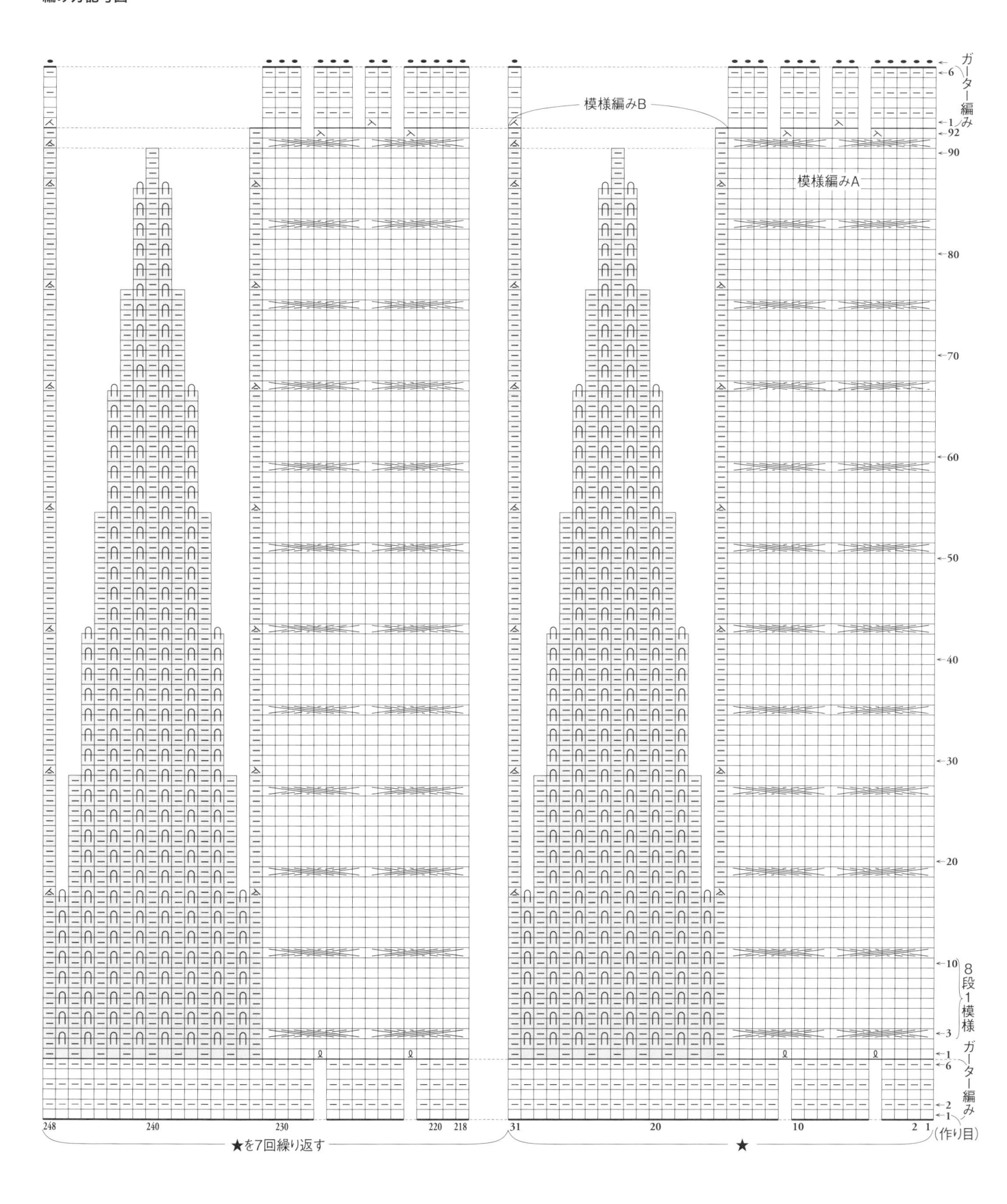

# 透かし模様の
# ショール

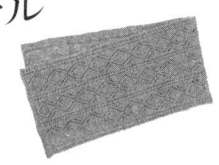

●**出来上がり寸法** 幅38cm 長さ155cm
●**ゲージ**
模様編み 22目×31.5段＝10cm角
●**材料**
中細程度のストレート糸 ブルー…165g
●**用具** 6号玉付き2本棒針、とじ針など

**糸の実物大**

**編み方**
糸は1本どり。
一般的な作り目で83目を作り、ガーター編みと模様編みを指定の段数編み、編み終わりは裏側から表目で伏せ目をする。

**point**
かけ目と2目一度でレース模様を作っていきますが、右上と左上の2目一度の向きで模様の出方が違ってくるので、方向を間違えないように注意しましょう。

**製図**

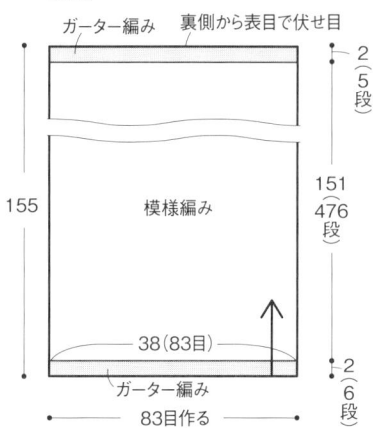

ガーター編み　裏側から表目で伏せ目
2（5段）
155
模様編み
151 476段
38（83目）
ガーター編み
83目作る
2（6段）

**編み方記号図**

□ = │ 表目　　○ = かけ目　　⅄ = 左上2目一度　　⅄ = 中上3目一度　　● = 裏目の伏せ目
─ = 裏目　　V = すべり目　　⅄ = 右上2目一度　　⅄ = 右上3目一度　　※裏側で編むので、実際には表目の伏せ目（●）を編む

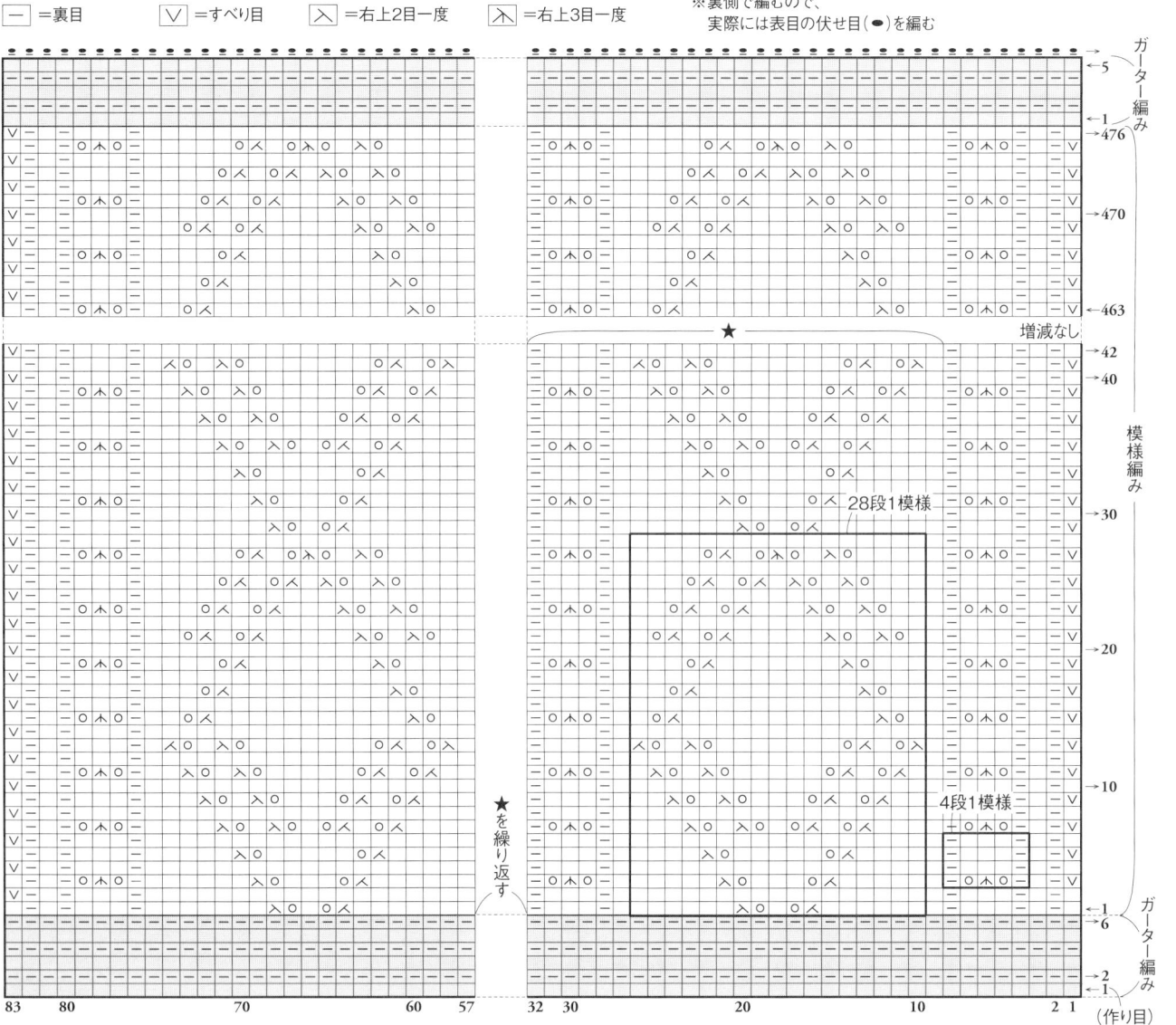

地模様の マフラーと コサージュ

●**出来上がり寸法** マフラー 幅25㎝ 長さ132㎝、コサージュ 直径8.5㎝

●**ゲージ**
模様編み（マフラー） 20目×32段＝10㎝角
長編み（コサージュ） 2段＝3.5㎝

●**材料** 並太程度のストレート糸 ブルー
マフラー…185ｇ コサージュ…10ｇ、
長さ5㎝のかぶとピン…1個

●**用具** 6号玉付き2本棒針（マフラー用）、
6/0号かぎ針（コサージュ用）、とじ針など

### 編み方

糸は1本どり。マフラーは6号針、コサージュは6/0号針で編む。

**1** マフラーは一般的な作り目で50目を作り、模様編みを増減なく421段編み、編み終わりは表目で伏せ目をする。

**2** コサージュは鎖41目を作り、往復に2段編む。コサージュの仕上げ方を参照し、編み地を巻いて形作り、共糸の割り糸で裏側にかぶとピンをつける。

### 糸の実物大

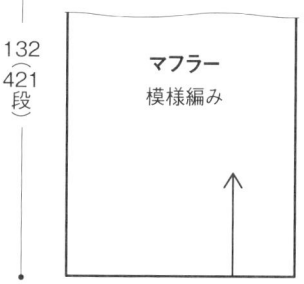

**point**
マフラーの両端の目は、少しきつめに編むと端が伸びずにきれいに仕上がります。

### 製図

伏せ目

| マフラー 模様編み |

132（421段）

25（50目）作る

### 編み方記号図

□＝| 表目

―＝裏目

● ＝伏せ目

○ 鎖編み

T 中長編み

ϝ 長編み

V 長編み2目編み入れる

V 長編み3目編み入れる

長々編み2目、三つ巻き長編み1目編み入れる

● 引き抜き編み

### マフラー

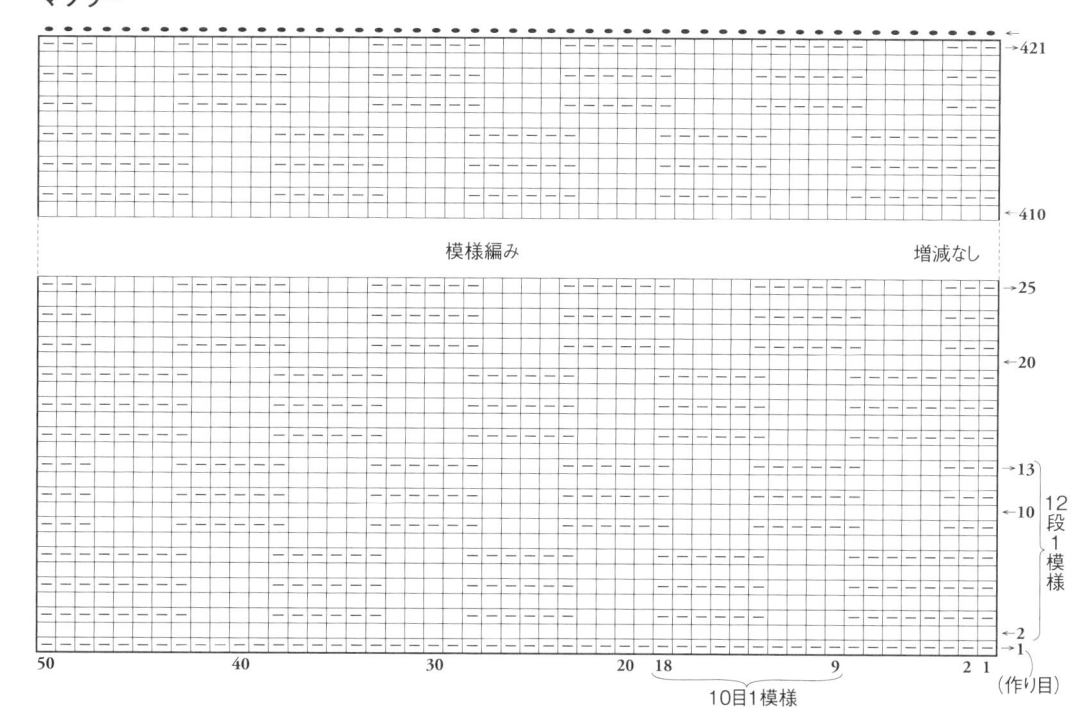

模様編み 増減なし

→421
←410
→25
→20
→13
→10
→2
→1（作り目）

12段1模様

50 40 30 20 18 9 2 1

10目1模様

### コサージュ

約45

約25（鎖41目）作る

編み終わり

5

編み始め

コサージュの中心

3.5（2段）

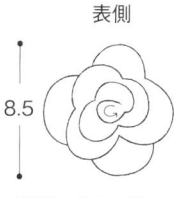

### コサージュの仕上げ方

表側 　　　裏側

8.5

①編み終わり側からくるくる巻き、作り目の鎖部分をかがり、固定する

②かぶとピンを縫いつける

# シェル模様の マルチスヌード

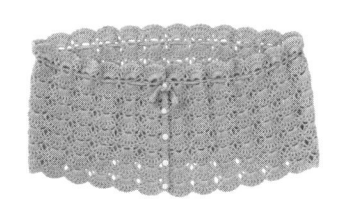

●**出来上がり寸法**
すそ周り151.5cm 丈34.5cm

●**ゲージ** 模様編み 1模様=6cm、
1模様(4段)=4.3cm

●**材料** 並太程度のストレート糸 淡ピンク
…240g、直径1.5cmのボタン…5個

●**用具** 6/0号かぎ針、とじ針など

**糸の実物大**

---

**point**
4段で1模様なので、4段編めたらあとは繰り返し。簡単に編めるのに見栄えのする模様です。リネンやモヘアなど、素材をかえてもよいですね。

---

**編み方**

糸はひもは2本どり、そのほかは1本どり。
「製図と編み方順序」の**1**～**5**の順に編む。

**1** 本体下は鎖251目を作り、製図の下方向に向かって模様編みを増減なく28段編み、糸を切る。

**2** 本体上は、**1**の作り目の鎖に糸をつけ、製図の上方向に模様編みを4段編み、糸を切る。

**3** 右側の縁編みを編む。本体下から53目を拾い、2段めにボタン穴をあけながら全部で3段編み、糸を切る。

**4** 左側の縁編みは、右側の要領でボタン穴をあけずに3段編む。

**5** ひもを編み、本体下の指定の位置に通す。

**6** ボタン穴の対称の位置に、共糸の割り糸でボタンをつける。

---

**製図と編み方順序**　　　　　　　　　　　※**1**～**5**の順に編む

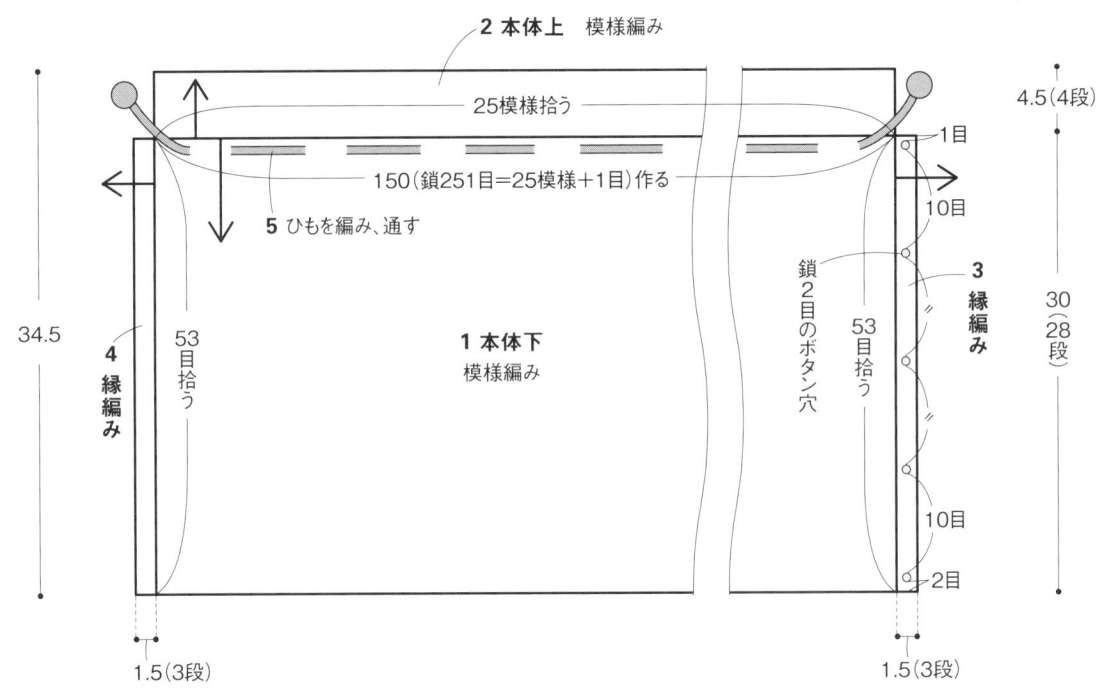

**2 本体上** 模様編み

25模様拾う

150(鎖251目=25模様+1目)作る

**5 ひもを編み、通す**

**1 本体下**
模様編み

34.5

**4 縁編み**

53目拾う

1.5(3段)

4.5(4段)

1目

10目

鎖2目のボタン穴

53目拾う

**3 縁編み**

10目

2目

30(28段)

1.5(3段)

---

**ひもの編み方記号図**

**ひも** 2本どり

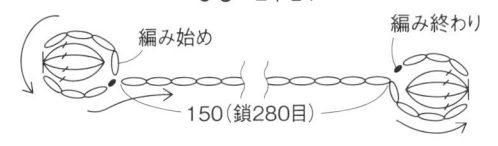

編み始め　編み終わり

150(鎖280目)

# 本体の編み方記号図

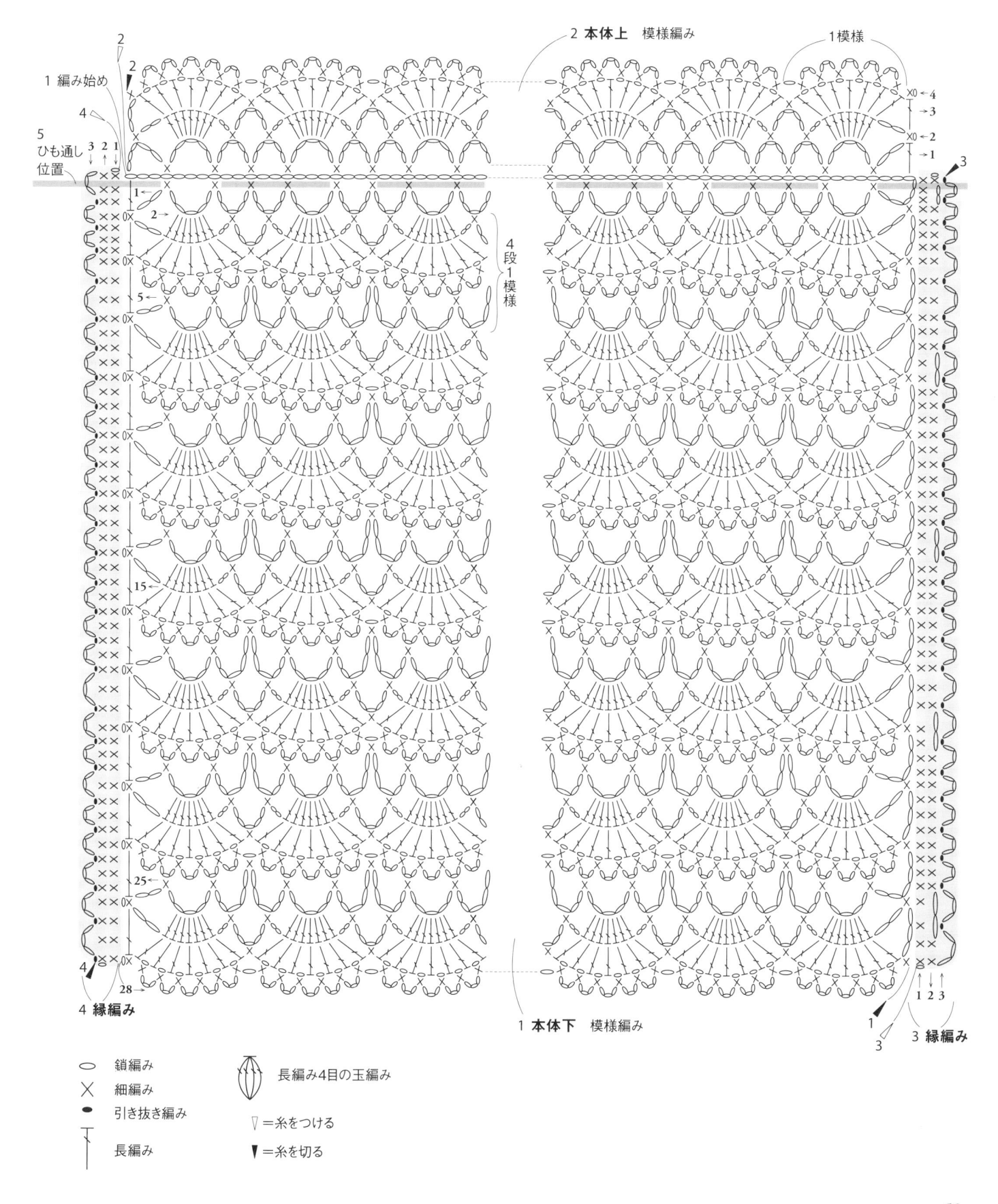

53

直線編みの
　　　 ファーつきケープ

●出来上がり寸法　丈約57cm
●ゲージ　模様編み　17目×10段＝10cm角
●材料
並太程度の段染め糸　ベージュ系…200g
極太程度のファーヤーン　茶色…120g
●用具
8/0号かぎ針、とじ針、段数マーカーなど

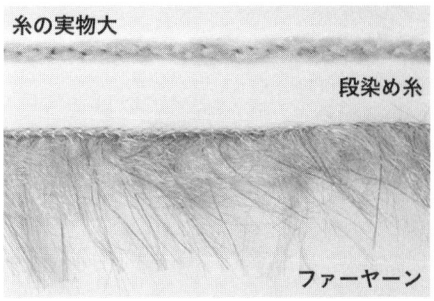

糸の実物大

段染め糸

ファーヤーン

**編み方**

糸は1本どり。指定の糸で編む。

**1**　本体は段染め糸で鎖45目を作り目し、模様編みで56段を増減なく編む。同じものを2枚編み、2枚の◉、◎の位置に段数マーカーや糸などで合い印をつける。

**2**　仕上げ方を参照し、**a〜e**の順に仕上げる。

**point**
長編みの引き上げ模様は、編むときに長編みの足を長く上に持ち上げてふっくらさせるときれいに仕上がります。

**本体の編み方記号図**

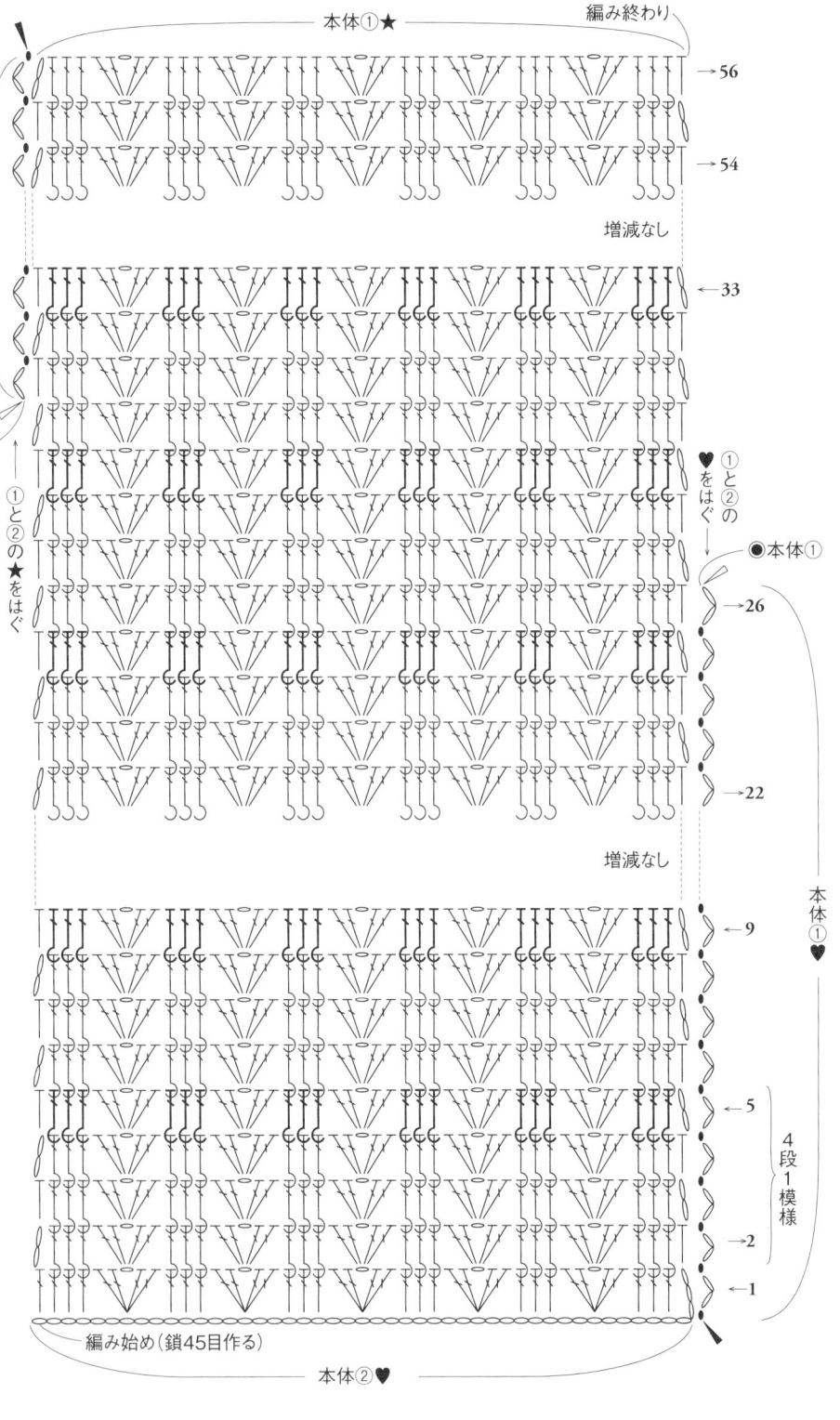

編み終わり

本体①★

→56

→54

増減なし

→33

◉本体①

①と②の♥をはぐ

→26

→22

増減なし

→9

→5

4段1模様

→2

→1

本体①♥

編み始め(鎖45目作る)

本体②♥

本体②★

◎本体②

①と②の★をはぐ

**本体の製図**

※①は1枚め、②は2枚め

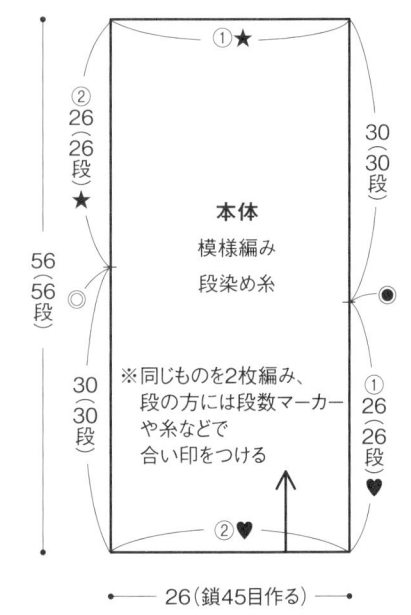

①★

②26(26段)★

30(30段)

本体
模様編み
段染め糸

56(56段)◎

30(30段)

①26(26段)♥

②♥

※同じものを2枚編み、段の方には段数マーカーや糸などで合い印をつける

←26(鎖45目作る)→

## 仕上げ方

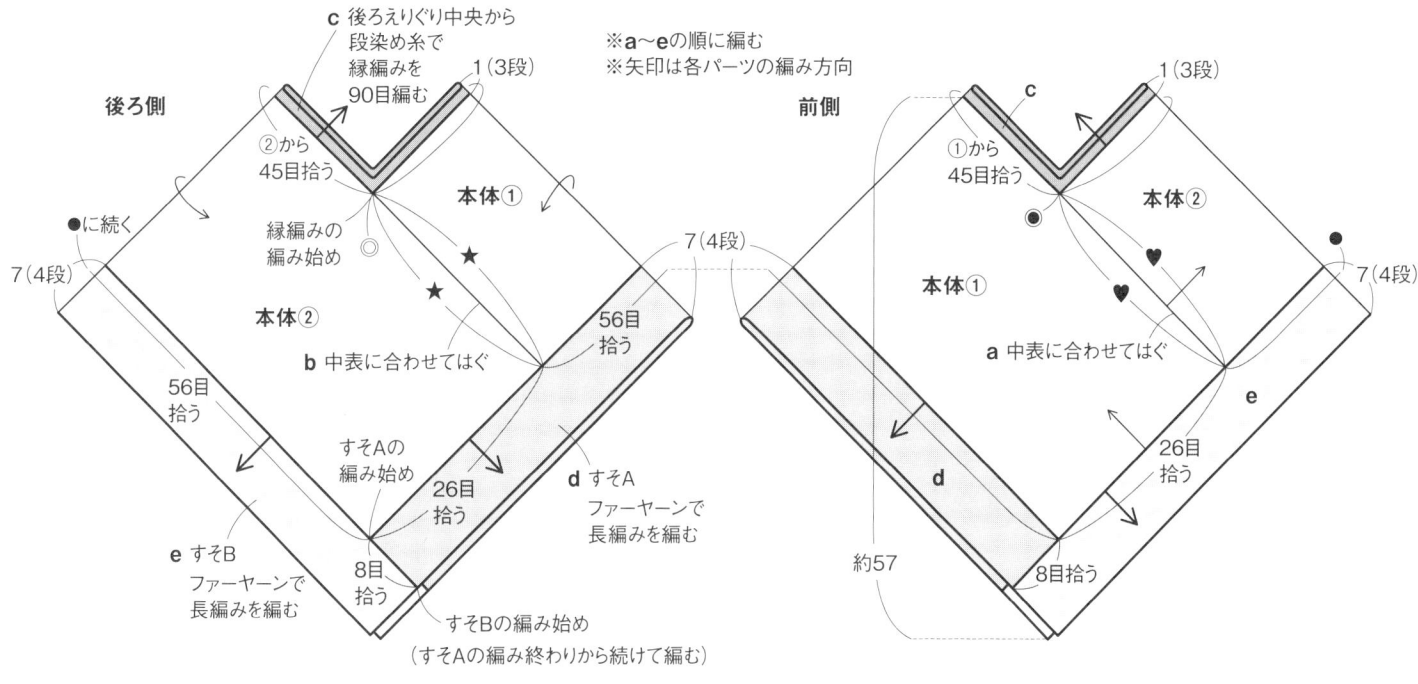

**後ろ側**

c 後ろえりぐり中央から段染め糸で縁編みを90目編む

1（3段）

②から45目拾う

縁編みの編み始め

●に続く

7（4段）

本体②

本体①

★

★

b 中表に合わせてはぐ

56目拾う

すそAの編み始め

26目拾う

8目拾う

すそBの編み始め
（すそAの編み終わりから続けて編む）

56目拾う

e すそB
ファーヤーンで長編みを編む

56目拾う

d すそA
ファーヤーンで長編みを編む

7（4段）

※a～eの順に編む
※矢印は各パーツの編み方向

**前側**

c

1（3段）

①から45目拾う

本体②

本体①

♥

♥

a 中表に合わせてはぐ

e

26目拾う

8目拾う

d

約57

7（4段）

## えりぐりの縁編みの編み方記号図

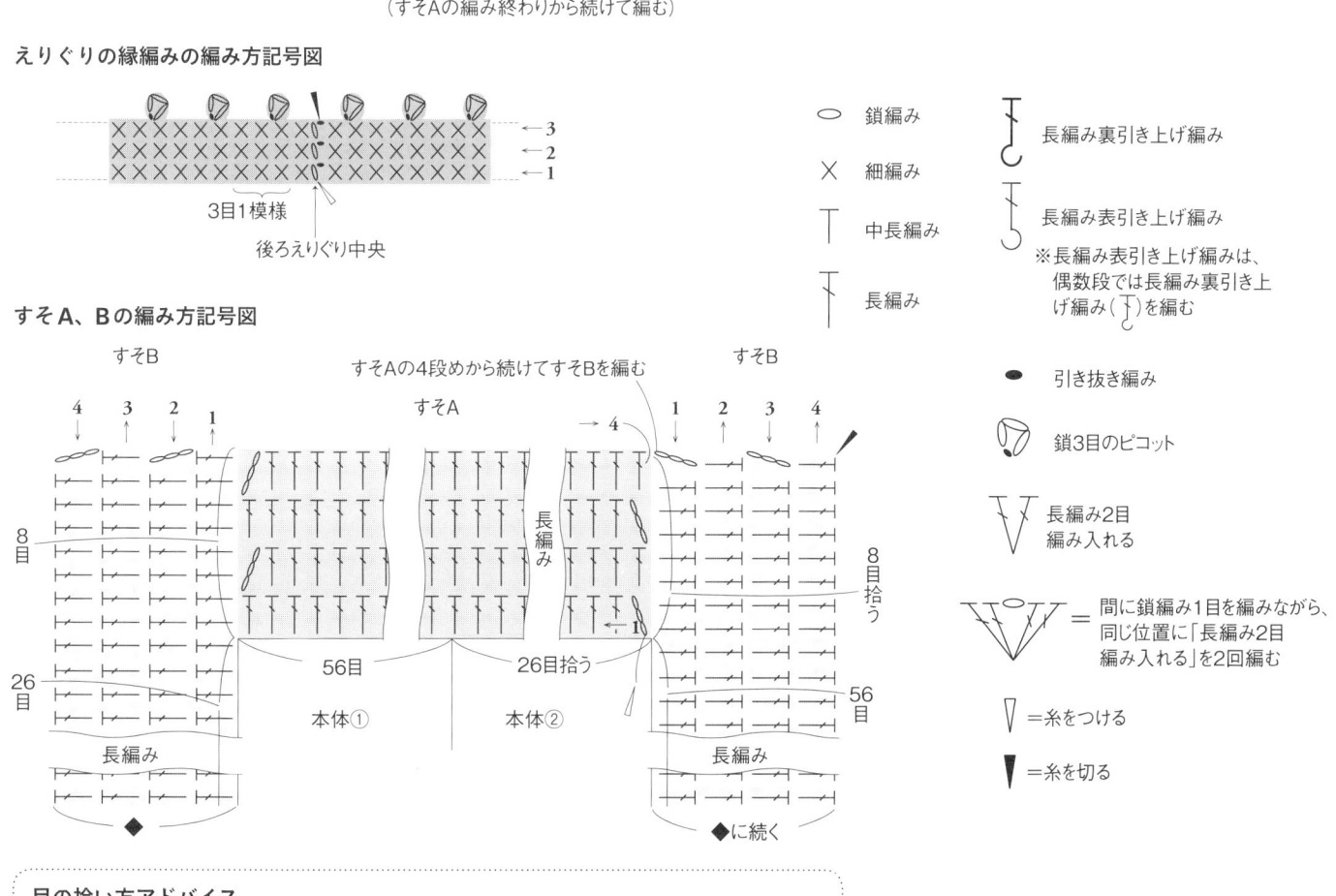

3目1模様

後ろえりぐり中央

←3
←2
←1

|  |  |
|---|---|
| ◯ | 鎖編み |
| × | 細編み |
| T | 中長編み |
| 丁 | 長編み |

長編み裏引き上げ編み

長編み表引き上げ編み

※長編み表引き上げ編みは、偶数段では長編み裏引き上げ編み（丁）を編む

引き抜き編み

鎖3目のピコット

長編み2目編み入れる

＝間に鎖編み1目を編みながら、同じ位置に「長編み2目編み入れる」を2回編む

＝糸をつける

＝糸を切る

## すそA、Bの編み方記号図

すそB

4　3　2　1

すそAの4段めから続けてすそBを編む

すそA

1　2　3　4

すそB

8目

26目

長編み

長編み

56目

本体①

26目拾う

本体②

長編み

8目拾う

56目

●に続く

### 目の拾い方アドバイス

段から拾い目するときは、長編みの目を割らずに足をそっくりすくって拾います。

えりぐりは2段から3目ずつ。すその26目は7目ごとに「編む、飛ばす、編む、飛ばす、編む、編む、飛ばす」を繰り返し、残った3目は「編む、飛ばす、編む」で調整します。

台形のレーシーショール

●**出来上がり寸法（タッセルを除く）**
幅137cm　丈39cm
●**ゲージ**
模様編み　3模様＝約7cm、12段＝10cm
●**材料**　中細程度のリネンコットン糸　白…
130g
●**用具**　4/0号かぎ針、厚紙、とじ針など

| 糸の実物大 |
| --- |

**編み方**
糸は1本どり。製図は57ページを参照する。
**1**　鎖350目を作り目し、編み方記号図を参照して両端で目を減らしながら模様編みを44段編み、糸を切る。
**2**　作り目の、模様編みの反対側に糸をつけ、周りに縁編みを編む。1段めの細編みは、編み方記号図のように模様編みの下側と両端で編みつける目数がかわるので注意する。
**3**　57ページの図を参照してタッセルを2個作り、指定の位置（◎）にそれぞれつける。

**point**
模様のベースとなる鎖編みはややふっくらと編み、細編みと引き抜き編みはゆるまないように編むと、模様がきれいに整います。

◯　鎖編み
●　引き抜き編み
✕　細編み
⋀　細編み2目一度

三つ巻き
長編み

鎖3目の
ピコット

鎖9目の
ピコット

▽＝糸をつける
▼＝糸を切る
◎＝タッセルつけ位置
（細編みの頭の糸2本に
タッセルの糸を通して結び、
糸端を始末する）

**編み方記号図**

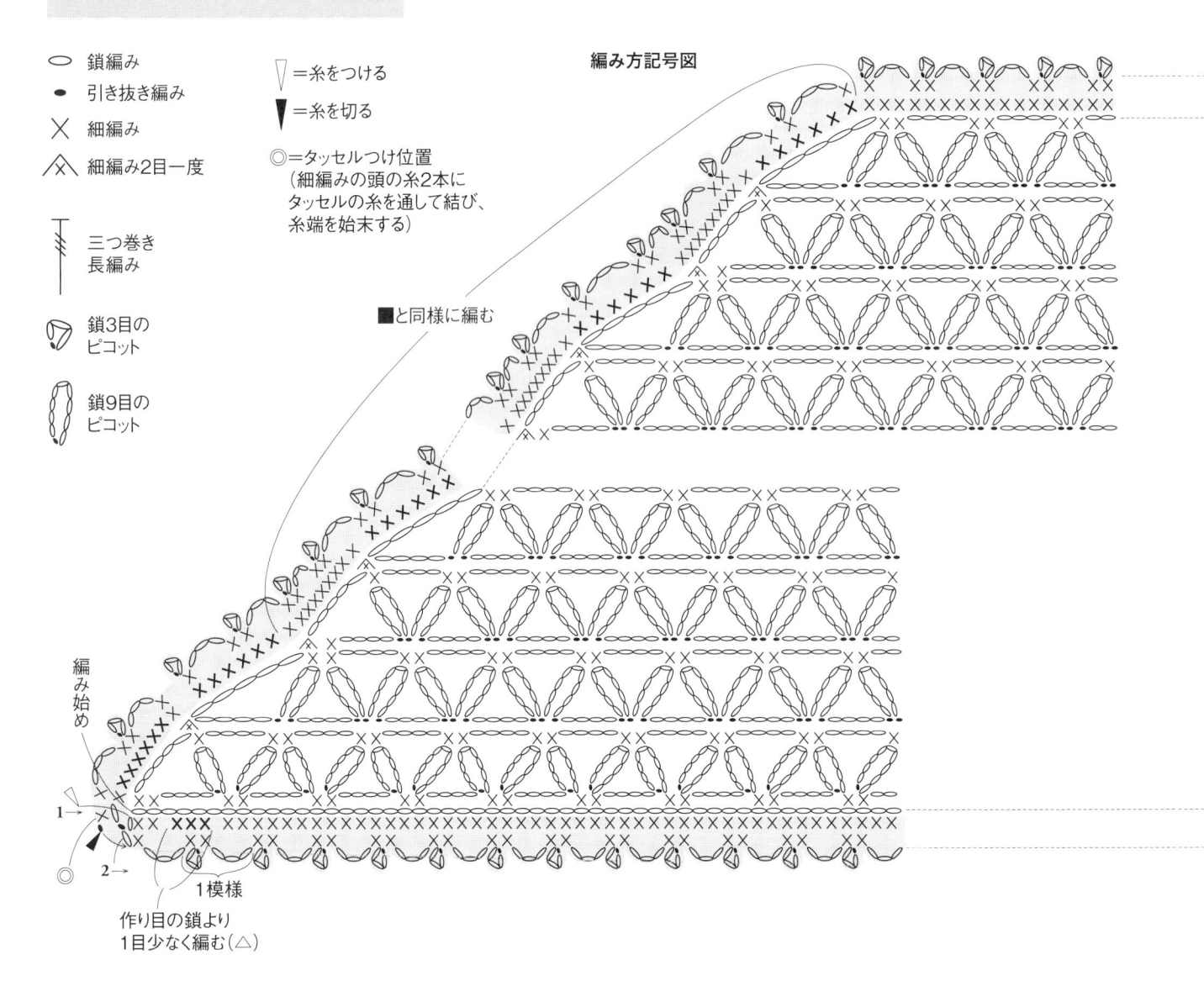

■と同様に編む

編み始め

1→
2→
◎

1模様

作り目の鎖より
1目少なく編む（△）

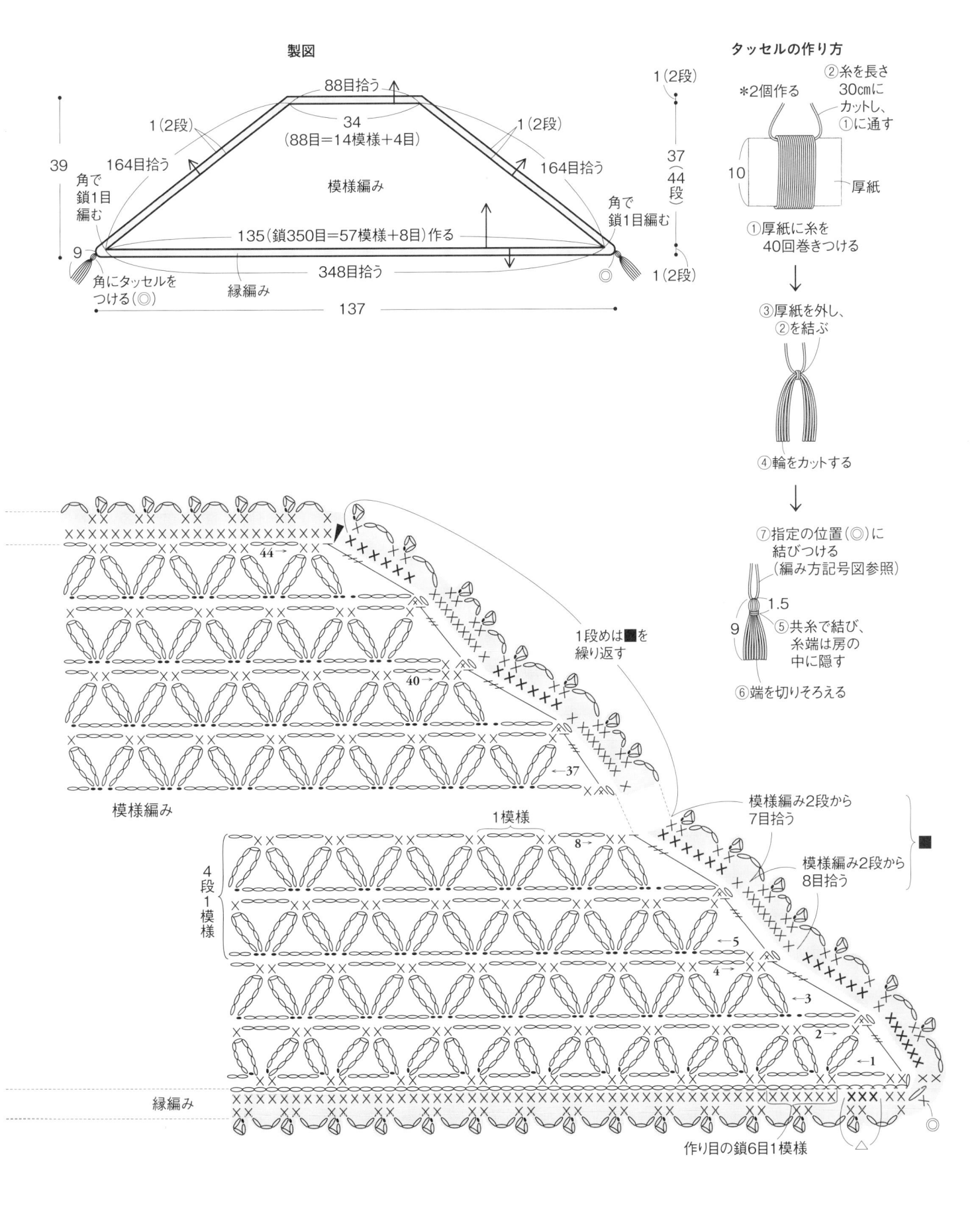

製図

タッセルの作り方

# キラキラ糸の台形ハンドバッグ

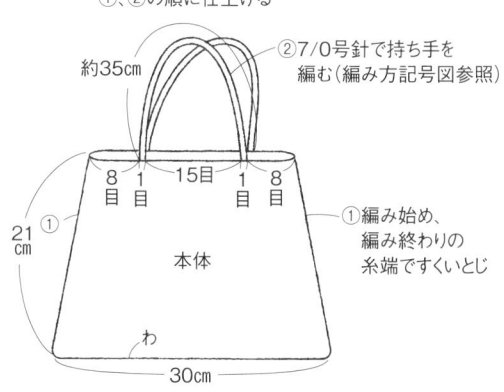

**糸の実物大**

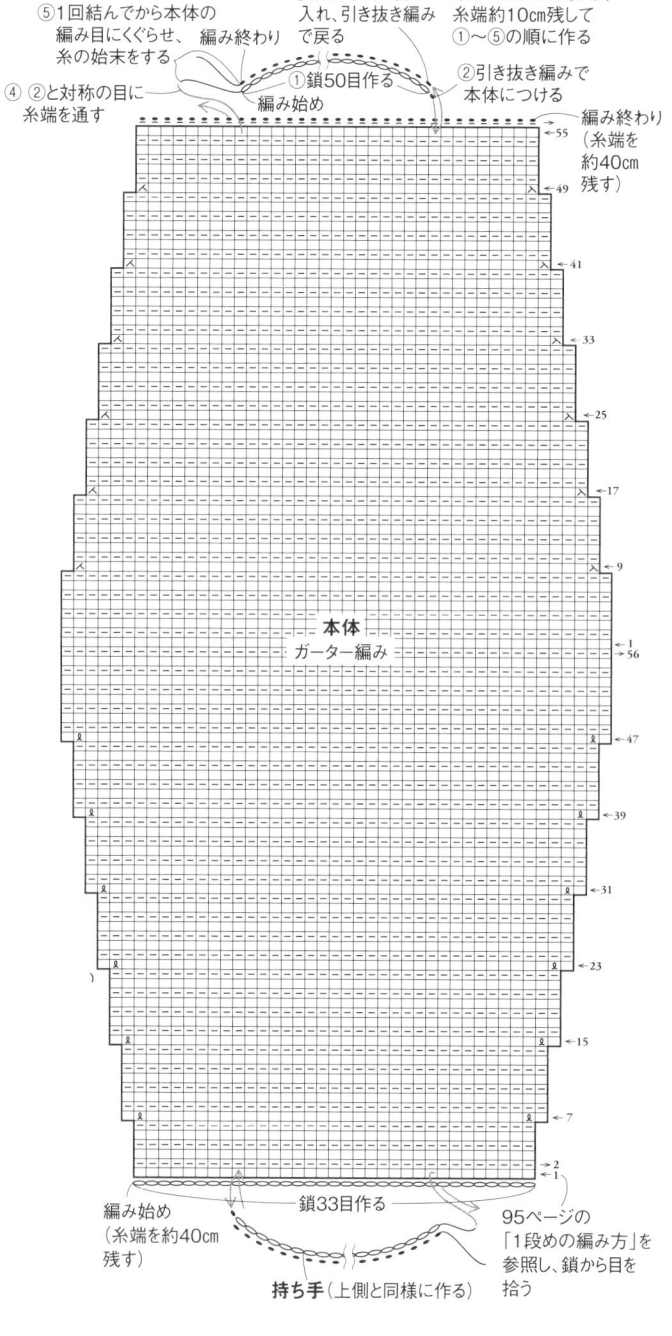

●**出来上がり寸法**（持ち手を除く）
底幅30cm　入れ口幅22cm　深さ21cm

●**ゲージ**
ガーター編み　15目×26段＝10cm角

●**材料**　フラットテープ　3mm幅　シルバー×ピンク…140m

●**用具**
8号玉付き2本棒針、7/0号かぎ針（作り目、持ち手用）、とじ針など

**編み方**
テープは1本どり。指定の針で編む。

**1** 本体は糸端を約40cm残し、7/0号針で鎖編みを33目作り、8号針にかえて鎖編みから目を拾う（95ページの「本体の1段めの編み方」参照）。編み方記号図を参照し、目を増減しながらガーター編みを編み、伏せ目をする。糸端を約40cm残してカットする。

**2** 仕上げ方を参照し、バッグに仕上げる。

**point**
塩化ビニル素材のテープは、気温が高いと柔らかくなるので、夏に編むのがおすすめです。テープは編んでいるとねじれてくるので、編みにくくなったらねじれを直しますが、多少ねじれがあるほうが、光が反射して編み地がきれいになります。ただし、持ち手はねじれのない状態で、かぎ針編みします。

## 編み方記号図

□＝|I| 表目
—＝|−| 裏目
入＝右上2目一度
人＝左上2目一度
Ɩ＝ねじり目

※ここでは端1目と2目の間の渡り糸をすくい、ねじり目で1目増す
● ＝裏目の伏せ目
※裏側で編むので、実際には表目の伏せ目（●）を編む

◯　鎖編み
● 引き抜き編み

**持ち手**
糸を460cmにカットし、糸端約10cm残して①〜⑤の順に作る

⑤1回結んでから本体の編み目にくぐらせ、糸の始末をする
③鎖の半目に針を入れ、引き抜き編みで戻る
④②と対称の目に糸端を通す
①鎖50目作る　編み始め
②引き抜き編みで本体につける
編み終わり（糸端を約40cm残す）

**本体**
ガーター編み

編み始め（糸端を約40cm残す）
鎖33目作る
95ページの「1段めの編み方」を参照し、鎖から目を拾う
**持ち手**（上側と同様に作る）

## 製図

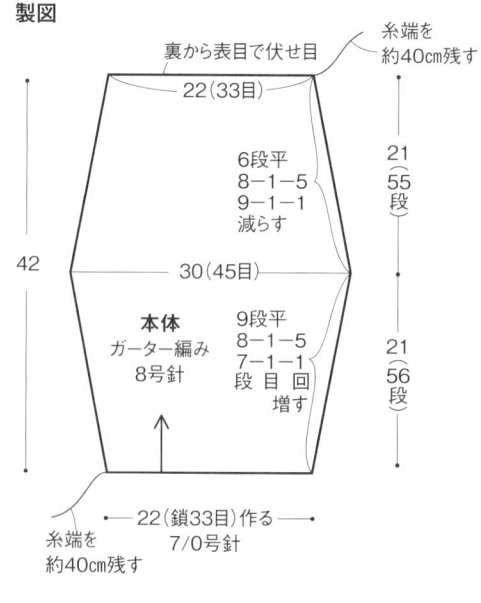

裏から表目で伏せ目
糸端を約40cm残す
22（33目）
6段平
8−1−5
9−1−1
減らす
21（55段）
42
30（45目）
**本体**
ガーター編み
8号針
9段平
8−1−5
7−1−1
段目回
増す
21（56段）
22（鎖33目）作る
7/0号針
糸端を約40cm残す

## 仕上げ方

①、②の順に仕上げる

約35cm
②7/0号針で持ち手を編む（編み方記号図参照）
①編み始め、編み終わりの糸端ですくいとじ
8目　1目　15目　1目　8目
21cm
**本体**
わ
30cm

# ストライプ模様の ベレー帽

●**出来上がり寸法**　頭回り53cm

●**ゲージ**　模様編みA　19目（5段め以降の奇数段）×9段＝10cm角

模様編みB　17目＝10cm、3段＝2.5cm

●**材料**　並太程度のツイードヤーン　グリーン系…95g

●**用具**　7/0号かぎ針、とじ針など

**糸の実物大**

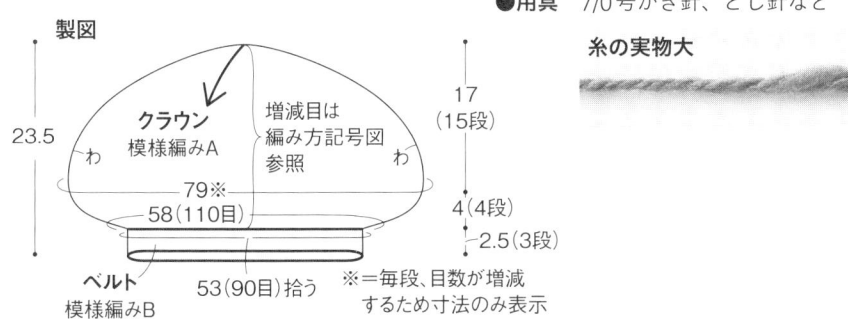

## 編み方

糸は1本どり。

糸輪の編み始めでクラウンを模様編みA、ベルトを模様編みBで編む。クラウンは偶数段と奇数段では目数が増減し、ベルトは1段めで目を減らすので注意する。

### point

中心から編み広げます。長編みの引き上げ編みは足が短くならないように注意します。また長編みの頭の締め方がゆるいと、全体のサイズが大きくなってしまうので、実際にときどきかぶって確認しましょう。

**製図**

23.5

クラウン
模様編みA

増減目は
編み方記号図
参照

わ　　わ

79※

58（110目）

17（15段）

4（4段）

2.5（3段）

ベルト
模様編みB

53（90目）拾う

※＝毎段、目数が増減するため寸法のみ表示

**目数表**

|  | 段 | 目数 | 増減目数 |
|---|---|---|---|
| ベルト | 3 | 90目 | |
|  | 2 | 90目 | |
|  | 1 | 90目 | −20目 |
| クラウン | 19 | 110目 | −30目 |
|  | 18 | 140目 | +10目 |
|  | 17 | 130目 | −30目 |
|  | 16 | 160目 | +10目 |
|  | 15 | 150目 | −20目 |
|  | 14 | 170目 | +20目 |
|  | 13 | 150目 | −20目 |
|  | 12 | 170目 | +30目 |
|  | 11 | 140目 | −10目 |
|  | 10 | 150目 | +30目 |
|  | 9 | 120目 | −10目 |
|  | 8 | 130目 | +30目 |
|  | 7 | 100目 | −10目 |
|  | 6 | 110目 | +50目 |
|  | 5 | 60目 | |
|  | 4 | 60目 | +20目 |
|  | 3 | 40目 | |
|  | 2 | 40目 | +20目 |
|  | 1 | 20目 | |
| 編み始め | 糸輪 | | |

◎＝目数の増減が毎段かわるのは、編み方記号図の■の部分で6段めは9目、7段めは7目ともともと2目の差があるため。8段め以降も同様

**編み方記号図**

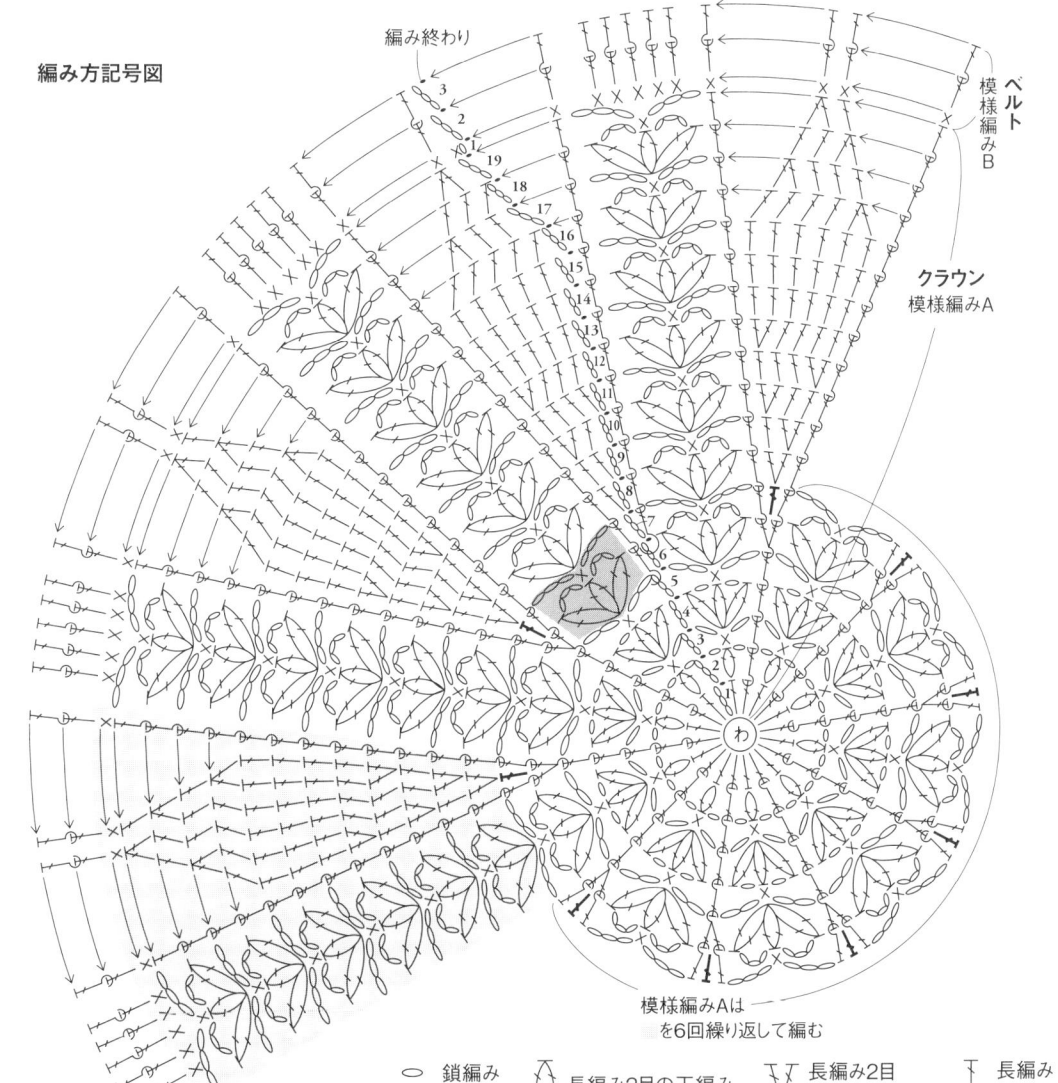

編み終わり

ベルト
模様編みB

クラウン
模様編みA

模様編みAは
■を6回繰り返して編む

| 〜 | 鎖編み | | 長編み2目の玉編み | | 長編み2目編み入れる | | 長編み表引き上げ編み | | 長編み表引き上げ編み2目編み入れる |
|---|---|---|---|---|---|---|---|---|---|
| × | 細編み | ● | 引き抜き編み | | 長編み2目一度 | | 長編み裏引き上げ編み | | 前段の目と目の間に針を入れ、長編みを編む |
| † | 長編み | | | | | | | | |

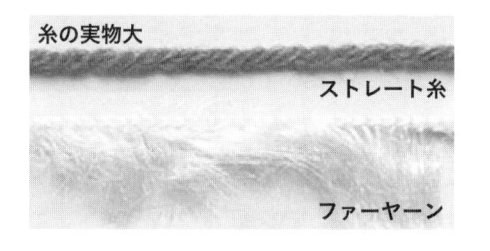

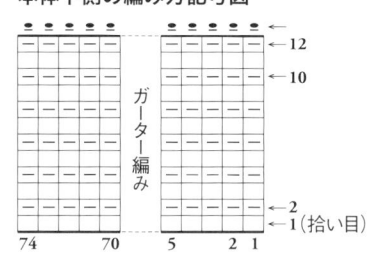

page 18 **ネックウォーマー ときどき帽子**

●**出来上がり寸法** 周囲57cm 丈23cm

●**ゲージ**

模様編み 20目×28段＝10cm角

ガーター編み 13目＝10cm、12段＝5cm

●**材料**

並太程度のストレート糸 パープル…50g

極太程度のファーヤーン 生成り…40g

●**用具** 6号・10号4本棒針、6/0号かぎ針

（ひも用）、厚紙、とじ針など

**編み方**

糸はひも以外1本どり。指定の糸、針で編む。

**1** 本体は一般的な作り目で114目を作り、輪にして模様編みを編む。続けてガーター編みはひも通し穴をあけ、編み終わりは裏目の伏せ目をする。

**2** 編み地の向きをかえ、作り目の下側にファーヤーンでガーター編みを輪に編む。

**3** ひもを編み、ひも通し穴に通す。

**糸の実物大**

ストレート糸

ファーヤーン

**ひも**

6/0号針 パープル 2本どり

60（鎖110目）

1.5 5.5

本体に通してから両端にタッセルをつける

※タッセルの作り方は57ページを参照し、7.5cmの厚紙に糸を20回巻いて作る

**製図**

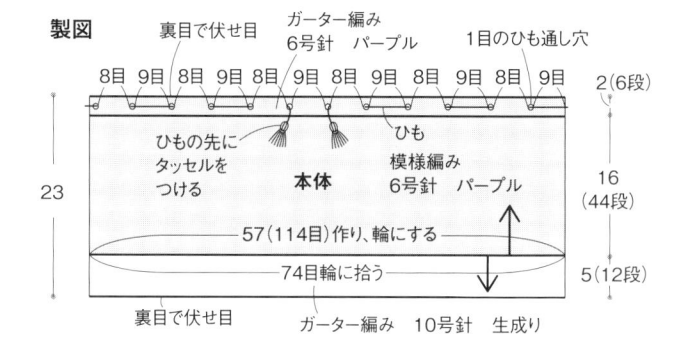

裏目で伏せ目
ガーター編み 6号針 パープル
1目のひも通し穴
8目 9目 8目 9目 8目 9目 8目 9目 8目 9目 8目 9目 2（6段）
ひもの先にタッセルをつける
ひも
本体 模様編み 6号針 パープル
16（44段）
23
57（114目）作り、輪にする
74目輪に拾う
5（12段）
裏目で伏せ目
ガーター編み 10号針 生成り

**本体下側の編み方記号図**

ガーター編み
←12
←10
←2
←1（拾い目）
74 70 5 2 1

□＝ | ＝表目

— ＝裏目

○ ＝かけ目

人 ＝中上3目一度

⚞ ＝裏目の左上2目一度

● ＝裏目の伏せ目

● ＝本体下側の拾い目位置
（1段めの目と目の間に針を入れ、表目を編む）
※1模様から4目を17回、1模様から3目を2回拾う

**本体上側の編み方記号図**

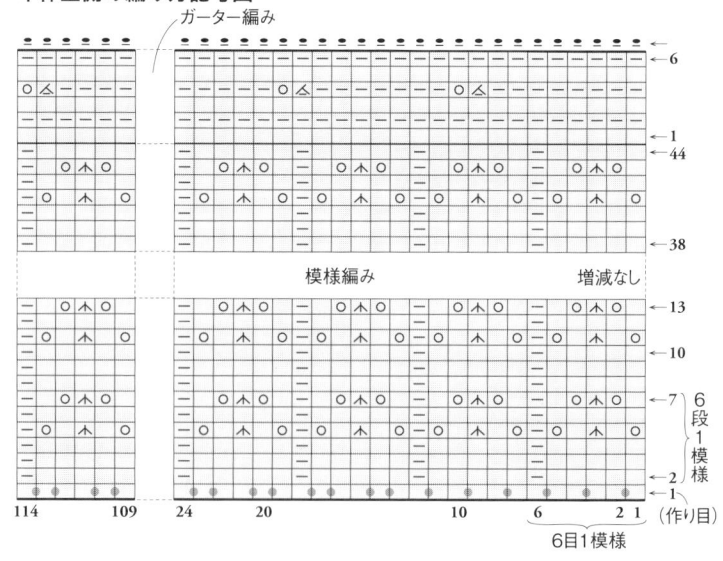

ガーター編み
←6
←1
←44
←38
模様編み 増減なし
←13
←10
←7
6段1模様
←2
←1（作り目）
114 109 24 20 10 6 2 1
6目1模様

page 18 **ファーつきの 透かし編み ハンドウォーマー**

＊糸の実物大は「ネックウォーマーときどき帽子」を参照

●**出来上がり寸法**

手のひら周り19cm 丈16.5cm

●**ゲージ** メリヤス編み、模様編み 20目×28段＝10cm角

ガーター編み 13目＝10cm、12段＝5cm

●**材料**

並太程度のストレート糸 パープル…30g

極太程度のファーヤーン 生成り…25g

●**用具**

6号・10号玉付き2本棒針、とじ針など

**point**

ハンドウォーマーは長方形に編んで側面をとじるときに親指用の穴をあけるだけ。とても簡単に編めます。ネックウォーマーは4本棒針で輪に編みますが、ときどき針にかかっている目数をずらして目が伸びないようにしてください。ファーヤーンを使うと、簡単な作品も豪華な雰囲気になりますね。

## 編み方

糸は1本どり。指定の糸、針で編む。

**1** 右手は一般的な作り目で40目を作り、編み方記号図を参照して手のひら側はメリヤス編み、甲側は模様編みで編み、裏目の伏せ目をして糸を切る。

**2** 編み地の向きをかえ、作り目の下側にファーヤーンでガーター編みを編む。

**3** 仕上げ方を参照し、親指あきをあけてすくいとじでとじる。

**4** 左手は右手の要領で、手のひら側と甲側の位置をかえて編む。

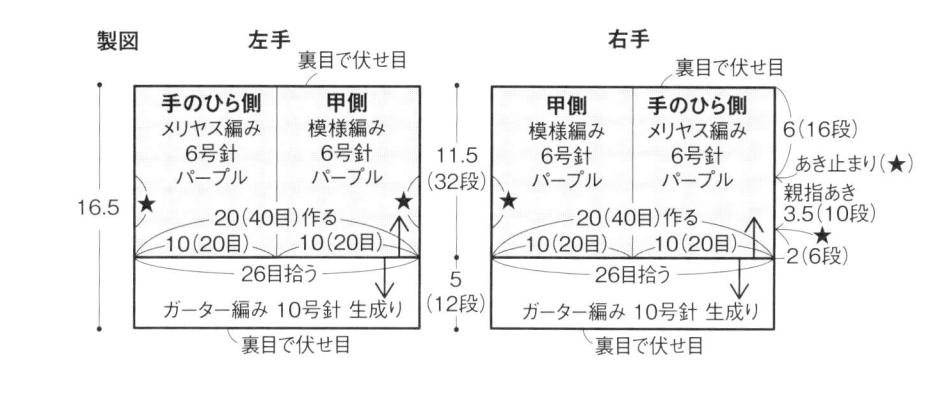

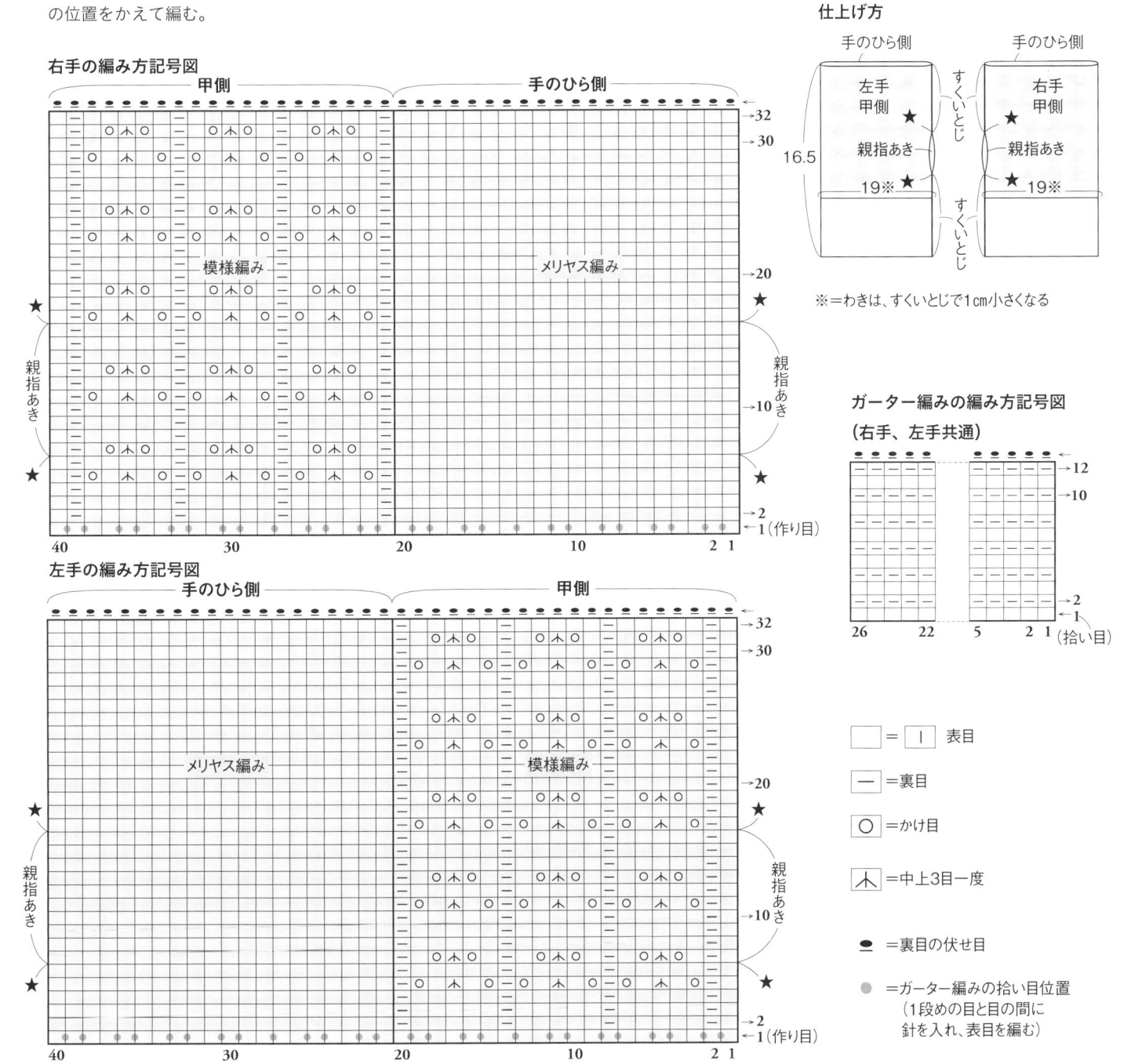

### ガーター編みの編み方記号図
（右手、左手共通）

□ = | 表目

― = 裏目

Ｏ = かけ目

木 = 中上3目一度

● = 裏目の伏せ目

● = ガーター編みの拾い目位置
（1段めの目と目の間に針を入れ、表目を編む）

page 22　縄編みの
　　　　ウールソックス

●出来上がり寸法
丈19cm　底の長さ23cm　足首周り20cm
●ゲージ
模様編み　33目×34段＝10cm角
メリヤス編み　25目×34段＝10cm角
●材料
中細程度のストレート糸　グレー…65g
●用具　4号・3号の短い5本棒針、縄編み
針、別糸（休み目用）、とじ針など

糸の実物大

**編み方**
糸は1本どり。指定の針で編む。

**1**　3号針を使い、一般的な作り目で64目を
作って輪にする。63ページの編み方記号図
を参照し、足首の2目ゴム編みを6段編んだ
ら、4号針にかえて模様編みを編み、最終段
は底側の目を減らす。

**2**　甲側の34目を別糸に通して針から外し、
休み目にする。底側の25目でかかとを編む。
メリヤス編みで両端の目を減らしながら往復
に12段編んだら、次は目を拾いながら12段
編む。

**3**　休み目にした34目を針に戻し、底はメ
リヤス編み、甲は模様編みで輪に58段編み、
最終段は甲側の目を減らす。

**4**　つま先はメリヤス編みで目を減らしなが
ら8段編み、底側の13目と甲側の13目をメ
リヤスはぎにする。同じものを2枚編む。

> **point**
> 作り目が履き口になるのできつくならないよ
> う、少し余裕をもって作りましょう。ソック
> スは履いているうちに伸びてくるのでそのほ
> かの部分はしっかりめに。

**製図**　　　※★＝編み方記号図参照
　　　　　　※2目ゴム編み以外、4号針

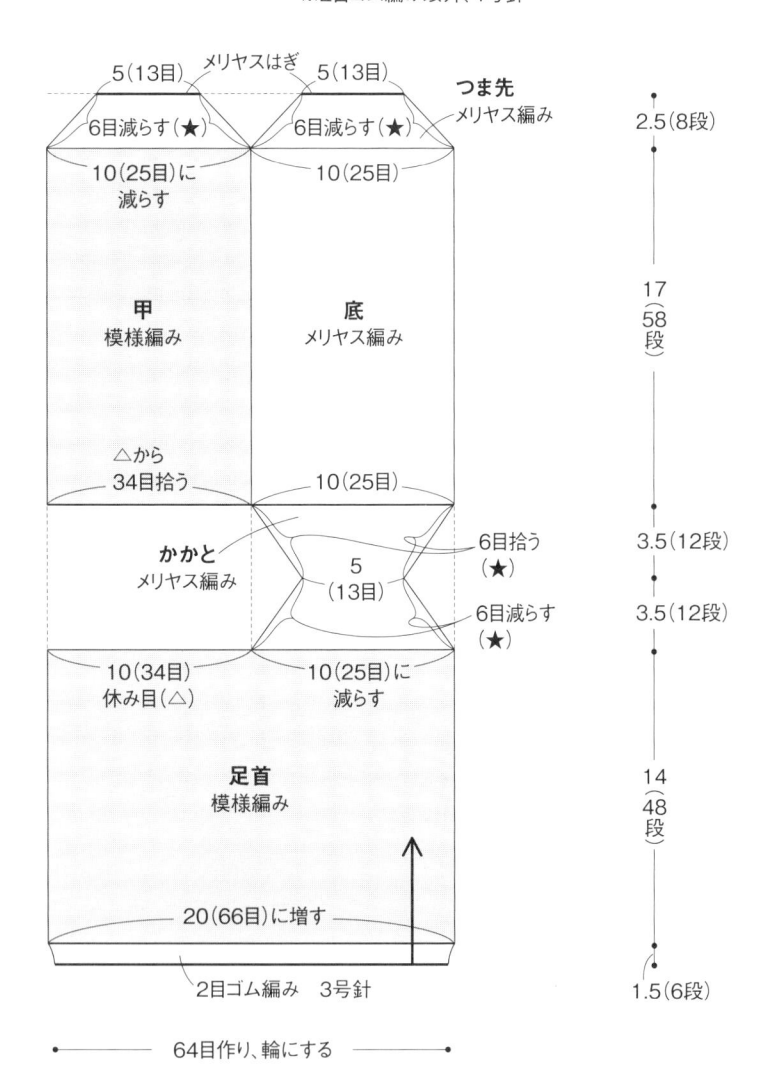

**出来上がり図**

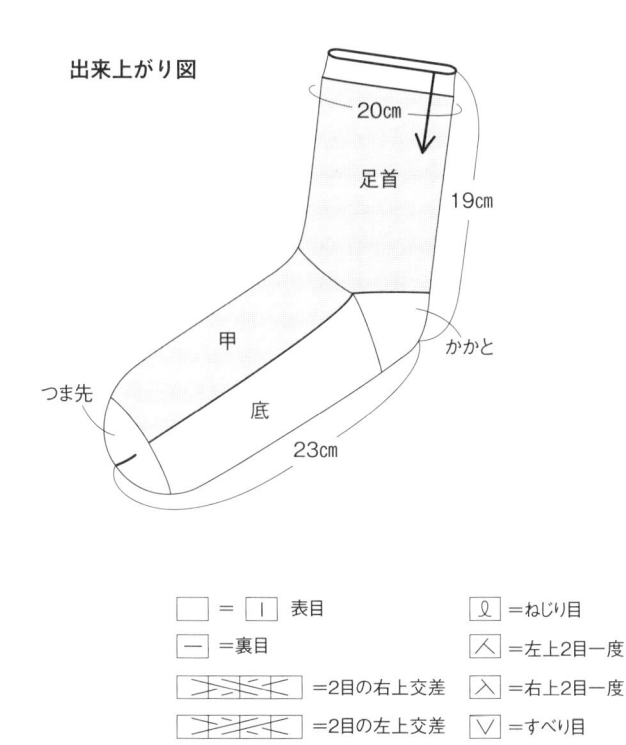

| □ = │ 表目 | ℓ =ねじり目 |
|---|---|
| ─ =裏目 | 人 =左上2目一度 |
| ＞＜ =2目の右上交差 | 入 =右上2目一度 |
| ＞＜ =2目の左上交差 | V =すべり目 |

**編み方記号図**

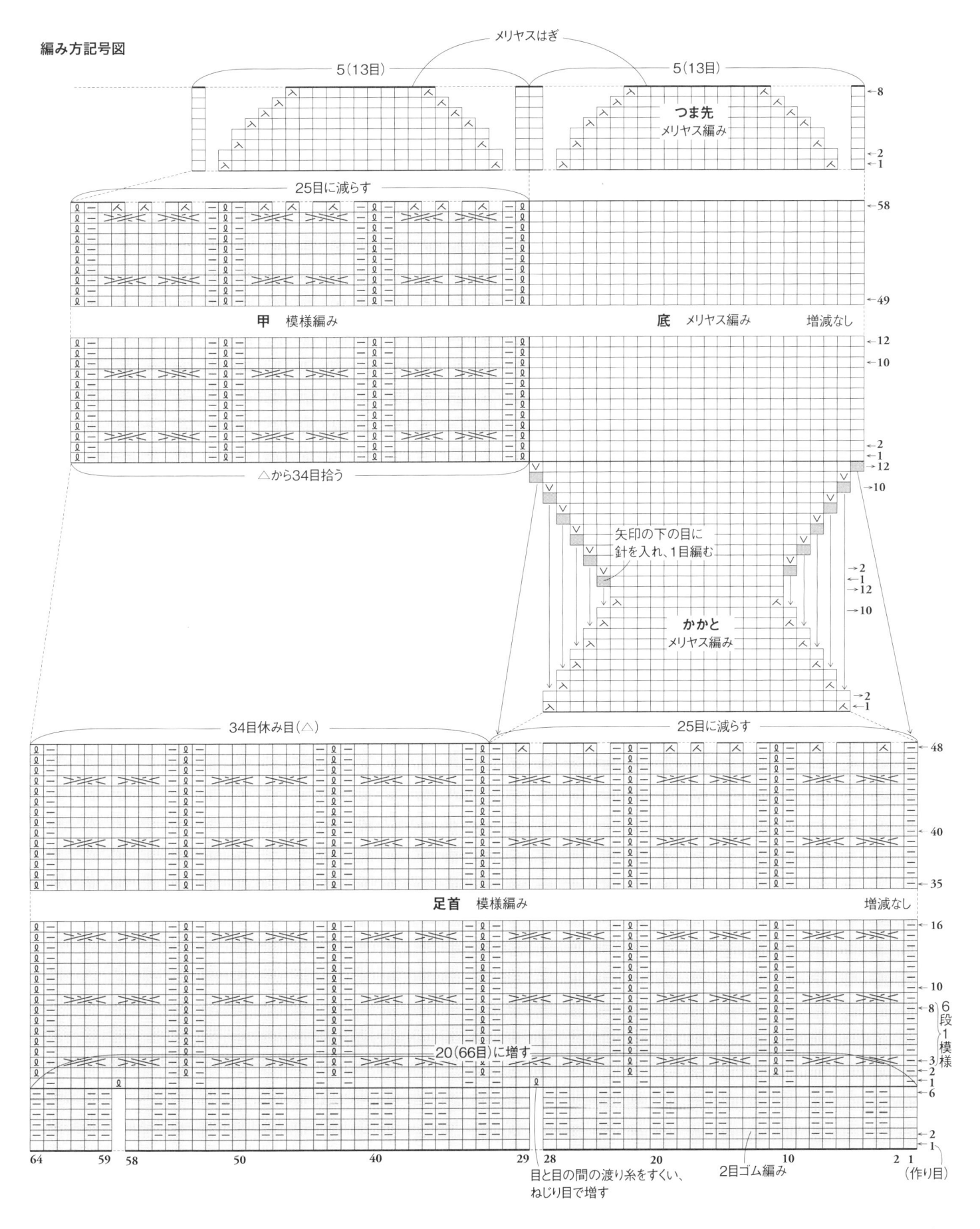

## point
2色の糸のうち、編んでいないほうの糸が引きつらないように、編み地を広げるように編みます。また裏で2色の糸の上下が入れかわらないよう注意しましょう。

### ●出来上がり寸法
手のひら周り19cm　丈22.5cm

### ●ゲージ　メリヤス編みの編み込み模様
25目×29段＝10cm角
メリヤス編み　25目＝10cm、20段＝6.5cm

### ●材料　並太程度のストレート糸　赤…45g
生成り…15g

### ●用具　5号の短い5本棒針、別糸（親指穴用）、とじ針など

**糸の実物大**

## 編み方
糸は1本どり。指定の糸で編む。

**1**　左手を編む。一般的な作り目で48目を作って輪にする。65ページの甲側と手のひら側の編み方記号図を参照し、ガーター編みと模様編みを編む。

**2**　甲側と手のひら側をメリヤス編みの編み込み模様で編み、親指穴には別糸を編み込む。指先はメリヤス編みで目を減らしながら編み、残った4目に糸を通して絞る。

**3**　親指は親指の編み方記号図を参照し、別糸をほどいて拾い目し、メリヤス編みで増減なく19段編み、20段めで目を減らし、残った7目に糸を通して絞る。

**4**　右手は親指穴を左手と対称の位置に作り（65ページの編み方記号図を参照）、同様に編む。

**製図**　　**左手**
※右手は親指穴を対称の位置にする（編み方記号図参照）

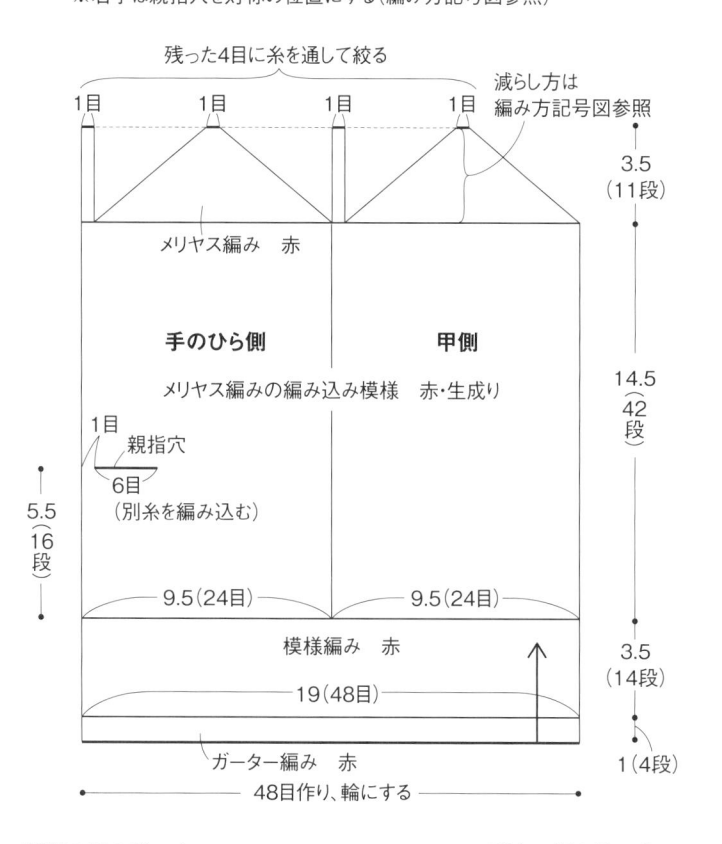

**親指**
メリヤス編み　赤

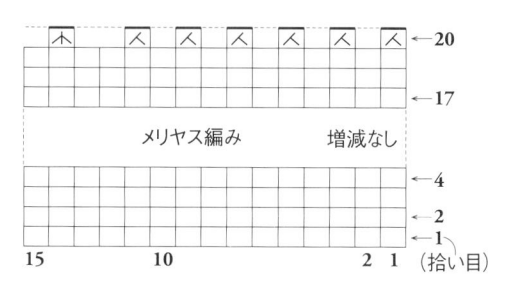

### 親指の編み方記号図

**親指の目の拾い方**

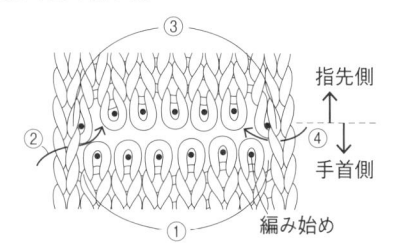

※編み込んだ別糸を外し、手首側から6目（①）、左サイドから1目（②）、指先側から7目（③）、右サイドから1目（④）を拾う（①、③は●から編む）

**別糸の編み込み方**

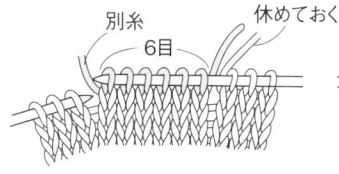

**1**　親指穴の手前で編んでいた糸を休め、別糸で指定の目数（6目）を編む。

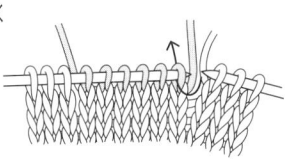

**2**　別糸で編んだ目を左の針に移し、別糸の上から続きを編む。

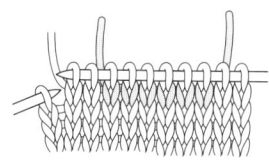

**3**　続けて編んでいく。

**甲側と手のひら側の編み方記号図**

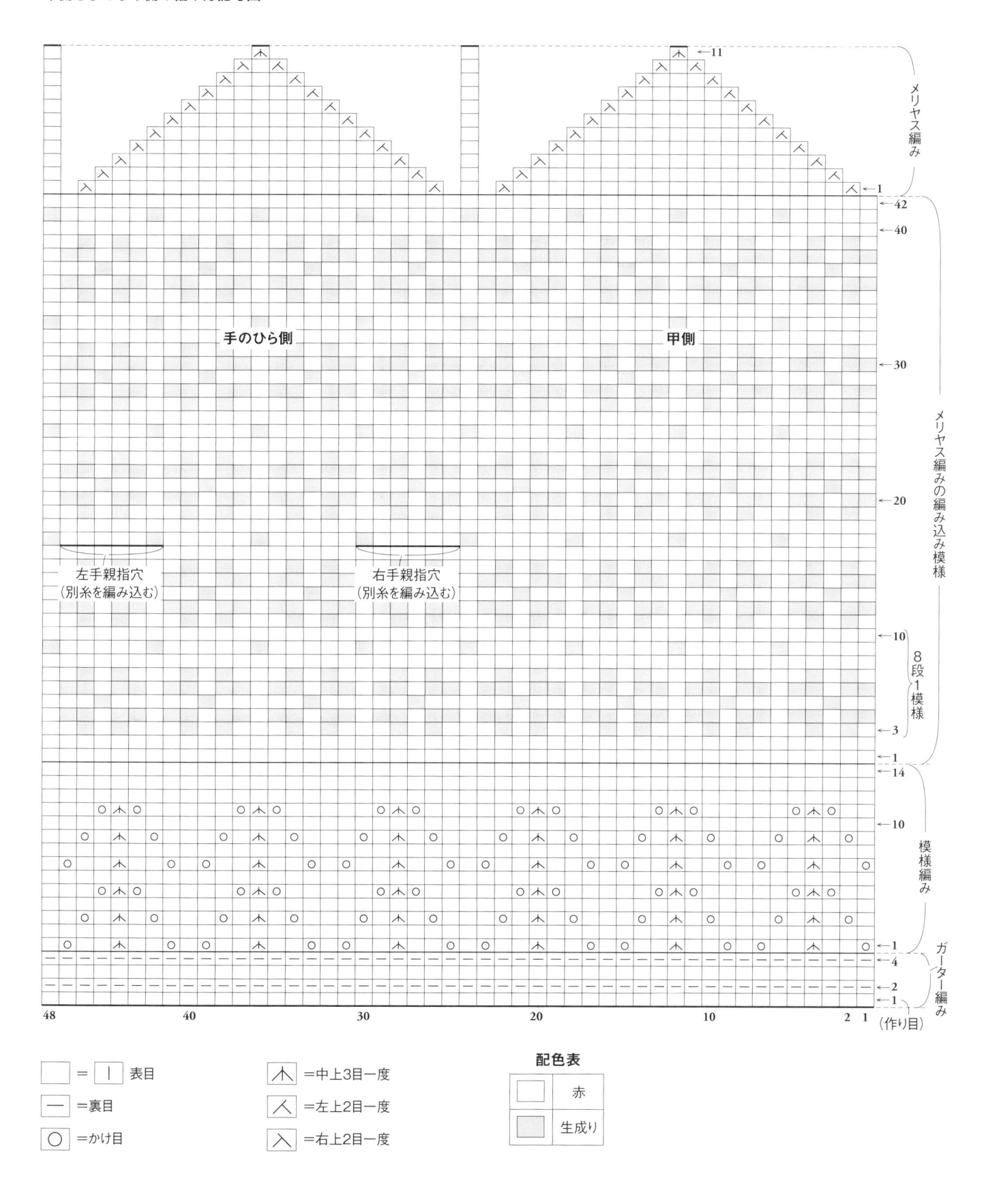

花模様の
マルシェバッグ

●**出来上がり寸法**（持ち手を除く）
底の直径20cm　口幅40cm　深さ24.5cm
●**ゲージ**
細編みのすじ編み、細編みのすじ編みの編み
込み模様　21目×20段＝10cm角
●**材料**　合細程度の麻糸　ブルー…150g
黄色…80g
●**用具**　5/0号かぎ針、とじ針など

**糸の実物大**

**編み方**

糸はすべて3本どり。指定の糸で編む。

**1**　底と側面は67ページの編み方記号図を
参照して編む。糸輪の編み始めをし、細編み
のすじ編み（1段目は細編み）で毎段、目を増
しながら20段編み、140目にする。

**2**　側面は細編みのすじ編みで16段編んで
168目に増し、続けて細編みのすじ編みの編
み込み模様、模様編み、縁編みを編む。糸は
編み込み模様から2色を使い、2色とも糸は
切らず、編み込み模様は編まない方の糸を編
む糸でくるみながら編み、裏側には糸が渡ら
ないようにする。模様編みの1～5段目は黄
色を裏側で渡し、6段目は編み込み模様と同
様にする。

**3**　持ち手を2本編み、仕上げ方を参照して
側面につける。

**point**
ほぼすべてすじ編みで編みます。配色をかえ
るときは、前の目で頭を引き抜くときに糸を
かえ、編まない糸は編みくるみながら進みま
しょう。

**製図**

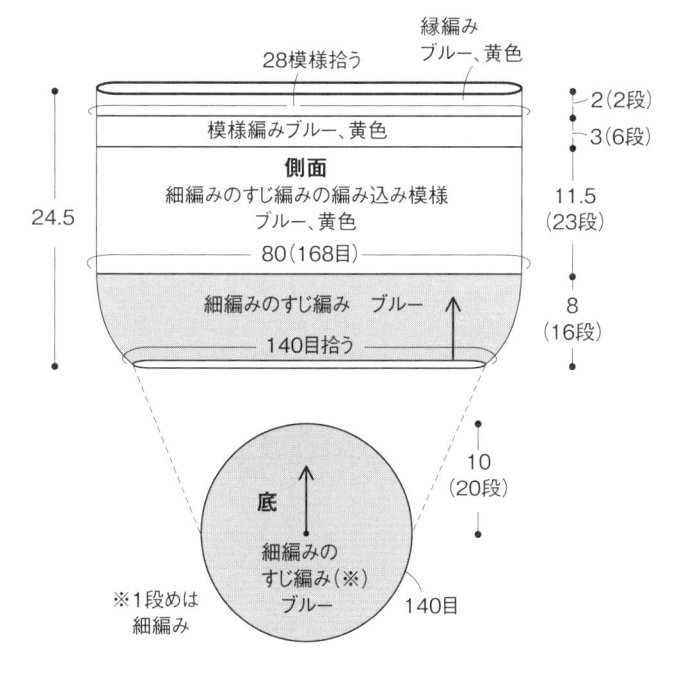

28模様拾う

縁編み
ブルー、黄色

2（2段）
3（6段）

模様編みブルー、黄色

**側面**
細編みのすじ編みの編み込み模様
ブルー、黄色

11.5
（23段）

80（168目）

24.5

細編みのすじ編み　ブルー

8
（16段）

140目拾う

**底**
細編みの
すじ編み（※）
ブルー

10
（20段）

※1段目は
細編み

140目

**持ち手の編み方記号図**

細編み　黄色　2本

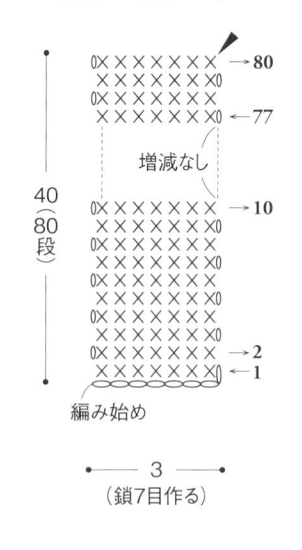

→80

←77

増減なし

→10

40
（80段）

→2
←1

編み始め

3
（鎖7目作る）

○　鎖編み

✕　細編み

✕　細編みのすじ編み

∨ = ∨　細編みのすじ編み
2目編み入れる

●　引き抜き編み

中長編み3目の
玉編みのすじ編み

長編み7目
編み入れる

∇　＝糸をつける

▼　＝糸を切る

**仕上げ方**

①持ち手の両側を
突き合わせて共糸でかがり、
輪にする

13段　持ち手（表）　13段

②側面に持ち手をつける

中央　2.5
4模様

持ち手
（裏）

側面
（裏）

表にひびかない
ようとじつける

24.5

立ち上がり線

20

# 底と側面の編み方記号図

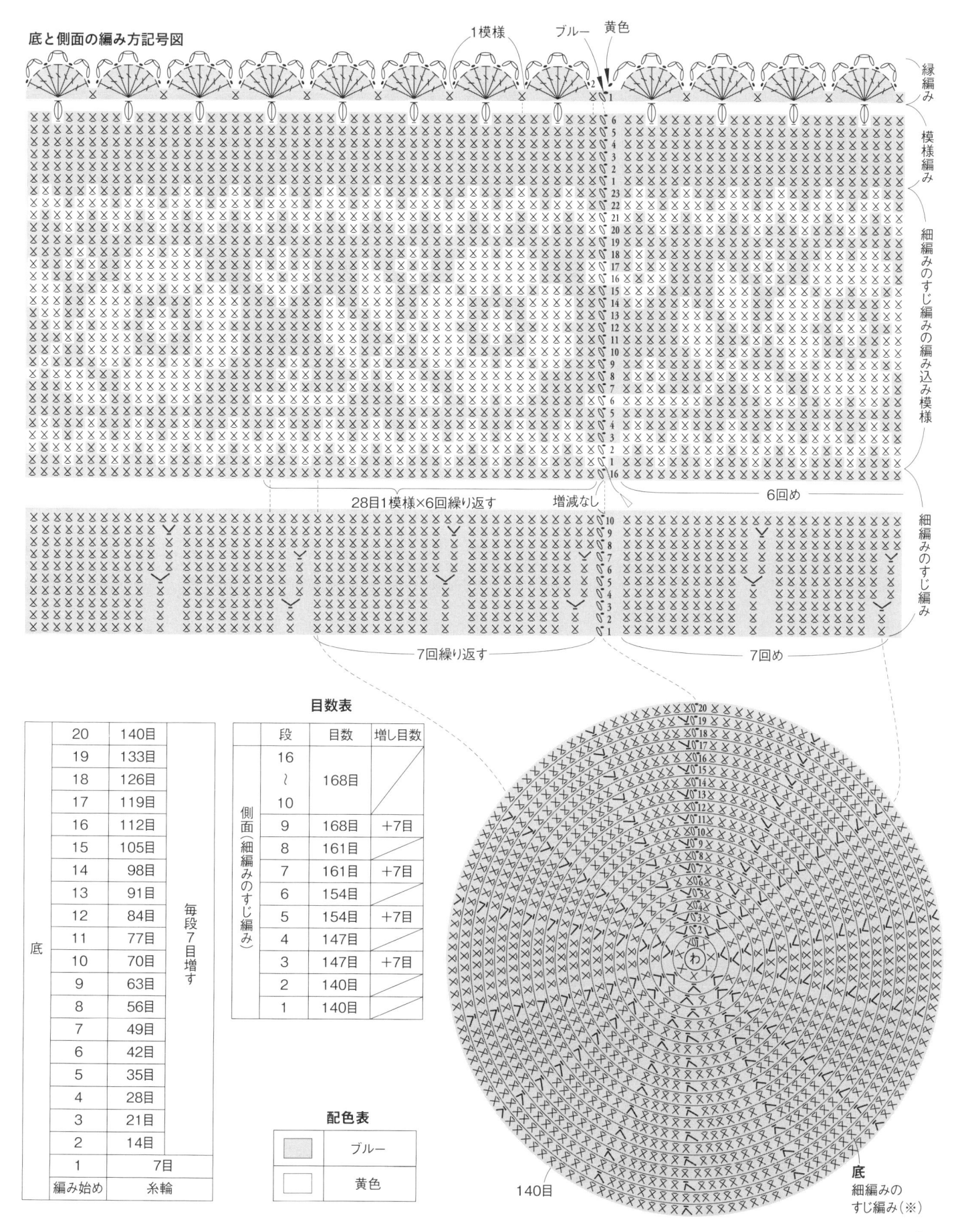

縁編み
模様編み
細編みのすじ編みの編み込み模様
細編みのすじ編み

1模様　ブルー　黄色

28目1模様×6回繰り返す　増減なし　6回め

7回繰り返す　7回め

140目

底
細編みのすじ編み（※）

## 目数表

| 段 | 目数 | 増し目数 |
|---|---|---|
| 16〜10 | 168目 |  |
| 9 | 168目 | +7目 |
| 8 | 161目 |  |
| 7 | 161目 | +7目 |
| 6 | 154目 |  |
| 5 | 154目 | +7目 |
| 4 | 147目 |  |
| 3 | 147目 | +7目 |
| 2 | 140目 |  |
| 1 | 140目 |  |

側面（細編みのすじ編み）

| 段 | 目数 |
|---|---|
| 20 | 140目 |
| 19 | 133目 |
| 18 | 126目 |
| 17 | 119目 |
| 16 | 112目 |
| 15 | 105目 |
| 14 | 98目 |
| 13 | 91目 |
| 12 | 84目 |
| 11 | 77目 |
| 10 | 70目 |
| 9 | 63目 |
| 8 | 56目 |
| 7 | 49目 |
| 6 | 42目 |
| 5 | 35目 |
| 4 | 28目 |
| 3 | 21目 |
| 2 | 14目 |
| 1 | 7目 |
| 編み始め | 糸輪 |

底　毎段7目増す

## 配色表

|  | ブルー |
|---|---|
|  | 黄色 |

# 花模様のフラット ポーチ

●**出来上がり寸法** 幅17cm　深さ13cm
●**ゲージ** 細編みのすじ編みの編み込み模様
21目＝10cm、19段＝9.5cm
●**材料** 合細程度の麻糸　ブルー…40g　黄色…20g、長さ17cmのファスナー、縫い糸
●**用具** 5/0号かぎ針、とじ針、縫い針など
＊糸の実物大は66ページ参照

**編み方**
糸はすべて3本どり。指定の糸で編む。
**1** 鎖72目を作って輪にし、細編みのすじ編みの編み込み模様（1段めは細編み）、模様編み、縁編みを続けて編む。1段に2色を使う場合は、編まない方の糸を編む糸でくるみながら編み、裏側には糸が渡らないようにする。1段を1色で編むときは、もう1色は休めておき、使う段になったら裏側で渡す。
**2** 仕上げ方を参照し、①〜③の順に作る。

**製図**

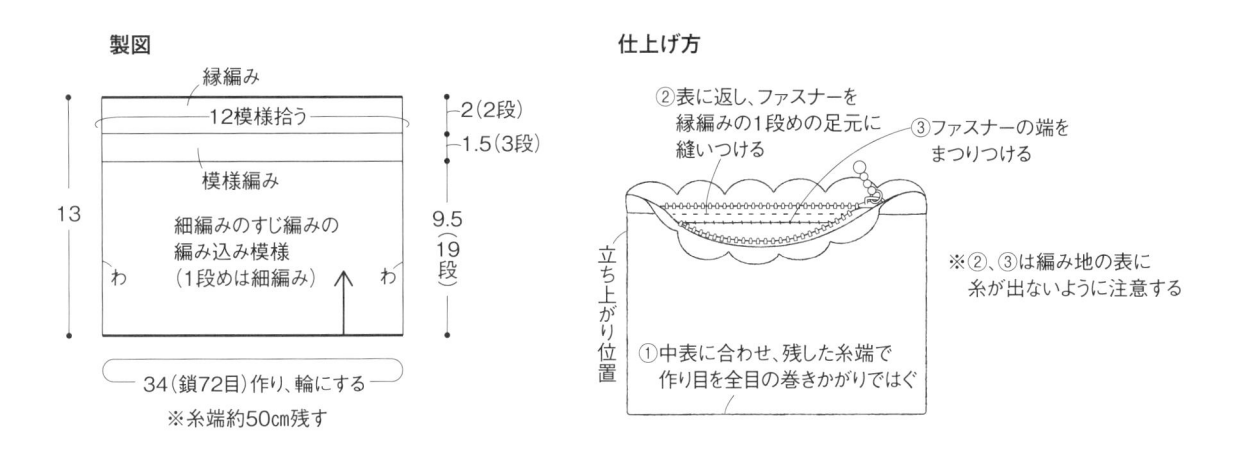

縁編み
12模様拾う
模様編み
細編みのすじ編みの編み込み模様（1段めは細編み）
わ　　わ
13
2（2段）
1.5（3段）
9.5（19段）
34（鎖72目）作り、輪にする
※糸端約50cm残す

**仕上げ方**

②表に返し、ファスナーを縁編みの1段めの足元に縫いつける
③ファスナーの端をまつりつける
①中表に合わせ、残した糸端で作り目を全目の巻きかがりではぐ
立ち上がり位置
※②、③は編み地の表に糸が出ないように注意する

**編み方記号図**

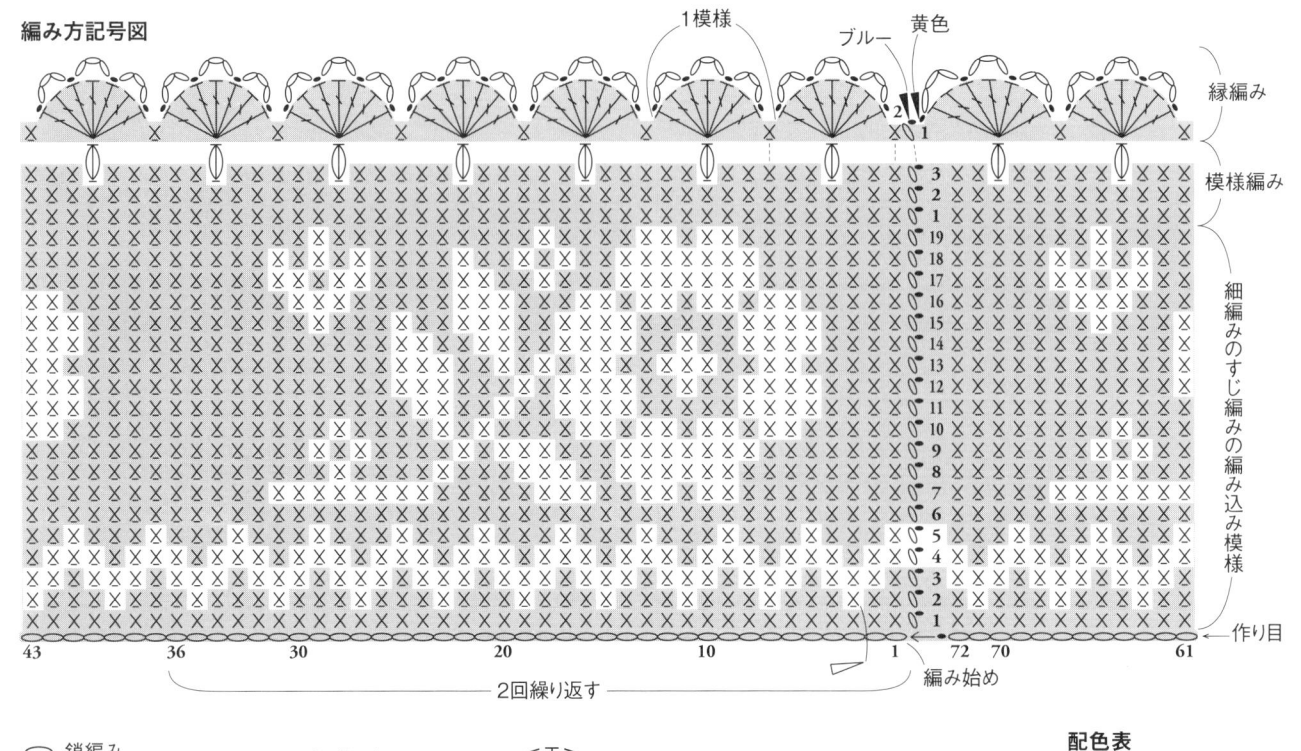

1模様　ブルー　黄色
縁編み
模様編み
細編みのすじ編みの編み込み模様
作り目
2回繰り返す
編み始め
43　36　30　20　10　1　72　70　61
3 2 1 19 18 17 16 15 14 13 12 11 10 9 8 7 6 5 4 3 2 1

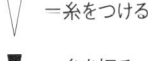

⬭ 鎖編み
✕ 細編み
✕ 細編みのすじ編み
● 引き抜き編み
🫒 中長編み3目の玉編みのすじ編み
長編み7目編み入れる
▽ ＝糸をつける
▼ ＝糸を切る

**配色表**

| | |
|---|---|
| ▨ | ブルー |
| □ | 黄色 |

# ロングタイプの スペアカラー

## ●出来上がり寸法
内周67cm　外周78cm　幅9cm
## ●ゲージ　模様編み　27目（作り目〜2段め）＝10cm、8段＝8cm
## ●材料
中細程度のシルクコットン糸　生成り…35g
## ●用具　4/0号かぎ針、とじ針など

**糸の実物大**

## 編み方
糸は1本どり。

**1** 鎖177目を作り目する。編み方記号図を参照し、毎段、編み地の向きをかえながら模様編みを8段編む。

**2** 糸を続けて、模様編みの周りに縁編みA、Bをぐるりと1段編み、糸を切る。

**3** ひもはスレッドコード（95ページ参照）を130cm編み、模様編みの1段めに通す。

### point
シルクコットン糸はしっかりめに編むと模様がくっきり出てきれいです。えりぐりがたるまないよう、作り目の鎖編みは65〜67cmに編んでください。

○ 鎖編み
╳ 細編み
〒 長編み
长 長々編み
長編み2目の玉編み
長編み3目の玉編み
鎖3目のピコット
● 引き抜き編み
∨ ∨ 長編み2目編み入れる（右は間に鎖1目編む）
▼＝糸を切る

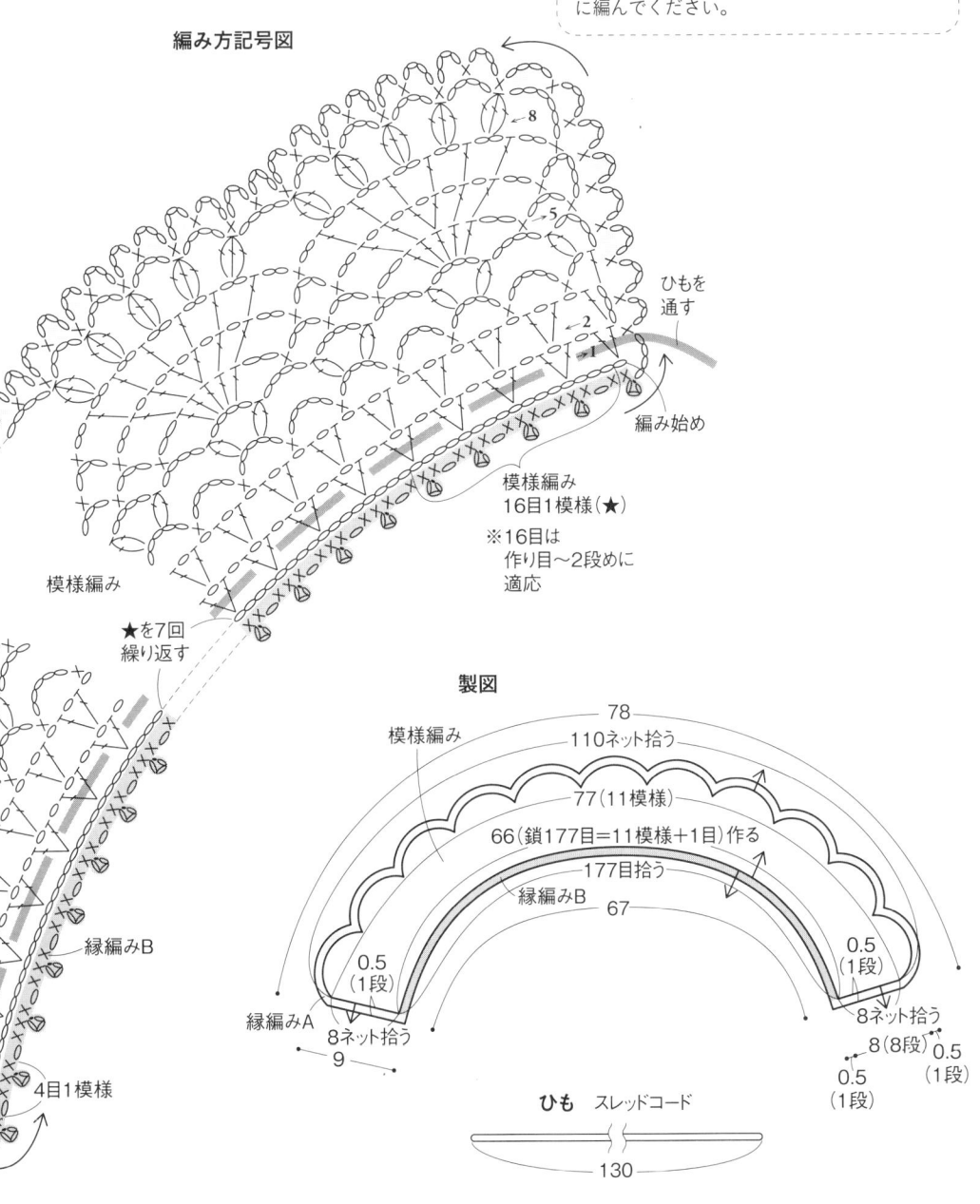

**編み方記号図**

模様編み16目1模様（★）
※16目は作り目〜2段めに適応

ひもを通す
編み始め

★を7回繰り返す

模様編み

縁編みB

4目1模様

1ネット
縁編みA

**製図**

78
110ネット拾う
77（11模様）
66（鎖177目＝11模様＋1目）作る
177目拾う
67
縁編みB
模様編み
0.5（1段）
8ネット拾う
0.5（1段）
9
縁編みA
8ネット拾う
8（8段）
0.5（1段）
0.5（1段）

**ひも**　スレッドコード
130

69

# 巾着
## ショルダーバッグ

**●出来上がり寸法**

底の直径18cm　入れ口周り56cm　深さ19cm

**●ゲージ**

細編み（6/0号針）　20目＝10cm、
18段＝9cm

模様編み（7/0号針）　2模様＝3.1cm、
15段＝10cm

**●材料**

合太程度のシルクコットン糸　オリーブ色…
150g

**●用具**　6/0号・7/0号かぎ針、とじ針など

**糸の実物大**

**編み方**

糸はひもは1本どり、そのほかは2本どり。
指定の針で編む。

**1**　6/0号針を使い、底は糸輪の編み始めで
目を増しながら細編みを18段編む。

**2**　側面の細編み、模様編み3段を編んだら、
7/0号針にかえて模様編みを編み、縁編みは
ひも通し穴をあけながら編む。

**3**　6/0号針で1本どりでひもを編み、ひも
通し穴に通して結ぶ。

**point**

2本どりで編むときは、1本がたるまないよ
うに注意しましょう。模様編みの細編みは前
段の鎖編み2目をそっくりすくって編みます。
途中でかぎ針を太い号数にかえることで、寸
法を広げます。

**出来上がり図**

**製図**

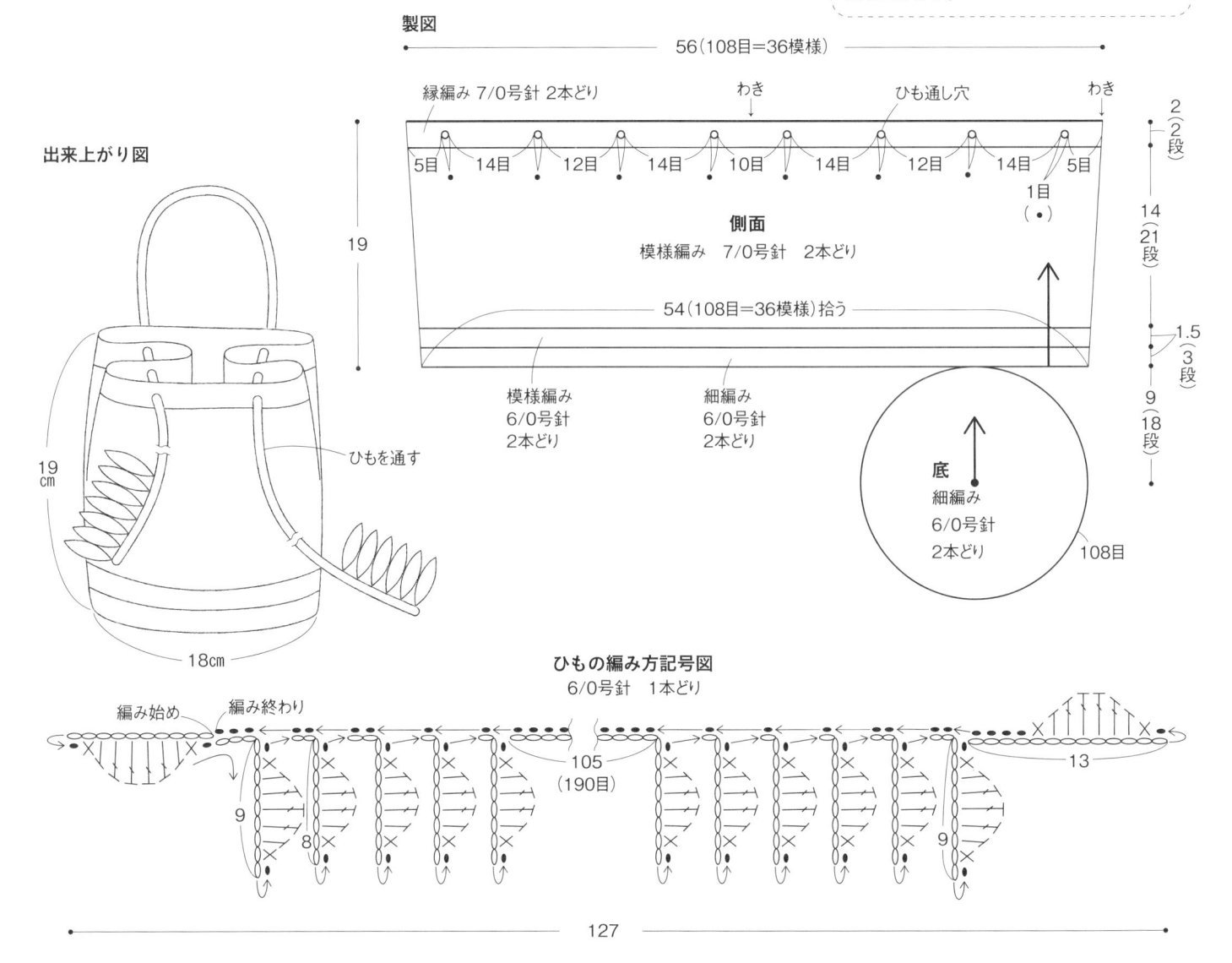

**ひもの編み方記号図**
6/0号針　1本どり

# 底と側面の編み方記号図

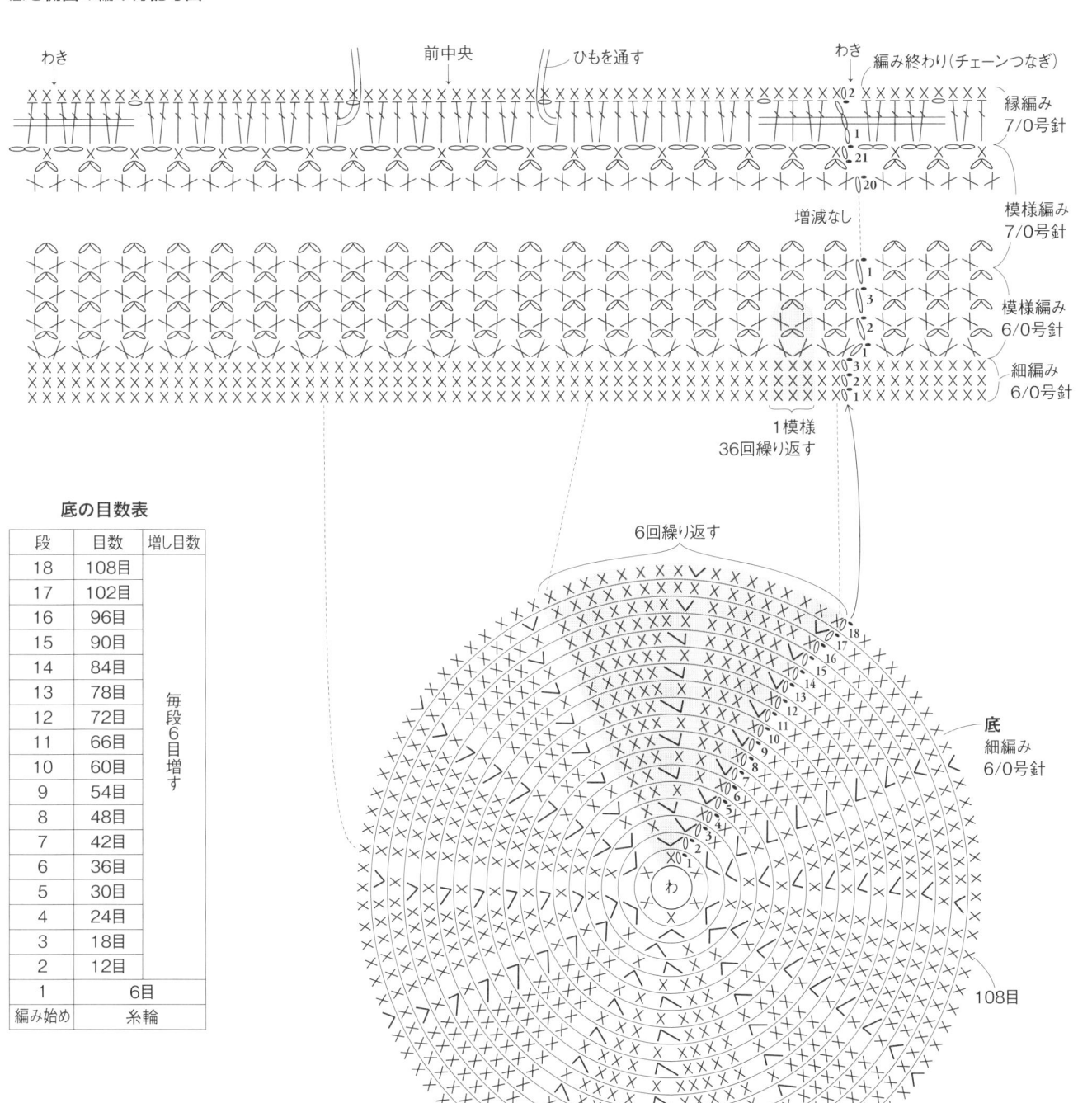

わき　前中央　ひもを通す　わき　編み終わり（チェーンつなぎ）

縁編み 7/0号針
模様編み 7/0号針
模様編み 6/0号針
細編み 6/0号針

側面

増減なし

1模様 36回繰り返す

6回繰り返す

底 細編み 6/0号針

108目

わ

## 底の目数表

| 段 | 目数 | 増し目数 |
|---|---|---|
| 18 | 108目 | |
| 17 | 102目 | |
| 16 | 96目 | |
| 15 | 90目 | |
| 14 | 84目 | |
| 13 | 78目 | |
| 12 | 72目 | 毎段6目増す |
| 11 | 66目 | |
| 10 | 60目 | |
| 9 | 54目 | |
| 8 | 48目 | |
| 7 | 42目 | |
| 6 | 36目 | |
| 5 | 30目 | |
| 4 | 24目 | |
| 3 | 18目 | |
| 2 | 12目 | |
| 1 | 6目 | |
| 編み始め | 糸輪 | |

◯ 鎖編み
✕ 細編み
┬ 中長編み
┬ 長編み
● 引き抜き編み
∨ ＝ ∨ 細編み2目編み入れる

# コサージュのついた ラフィア風帽子

**●出来上がり寸法** 頭回り55cm

**●ゲージ**

細編み 18.5目×20段＝10cm角

**●材料**

並太程度のレーヨン糸 こげ茶色…100g（帽子） ベージュ…20g（コサージュ）、長さ3cmのブローチピン

**●用具** 6/0号かぎ針、とじ針、段数マーカー＊など

＊帽子はトップの2段め以降、立ち上がりをつけずに編むので、段の始めに段数マーカーをつけて目印にして、編み間違いを防ぎます。

## 糸の実物大

**編み方**

糸は1本どり。帽子はこげ茶色、コサージュはベージュで編む。

**1** 帽子は、糸輪の編み始めでトップから編む。73ページの編み方記号図を参照し、1段めは鎖1目で立ち上がり、細編みを6目編む。2段めからは立ち上がりの鎖は編まず、指定の位置で増し目をしながら、らせん状にぐるぐる13段めまで編む。

**2** サイド、ブリムとも、指定の位置で増し目をしながら細編みを編み、ブリムの13段めは鎖編みと引き抜き編みを編む。

**3** コサージュは72〜73ページの編み方記号図を参照し、花、葉、裏当てを指定の枚数編む。仕上げ方を参照し、①〜③の順に仕上げる。

> **point**
> 編み上がったら中にタオルを形よく入れ、外側からスチームを軽く当てて整えます。またレーヨン糸は洗えませんので、拭いてお手入れしましょう。

## 帽子の製図

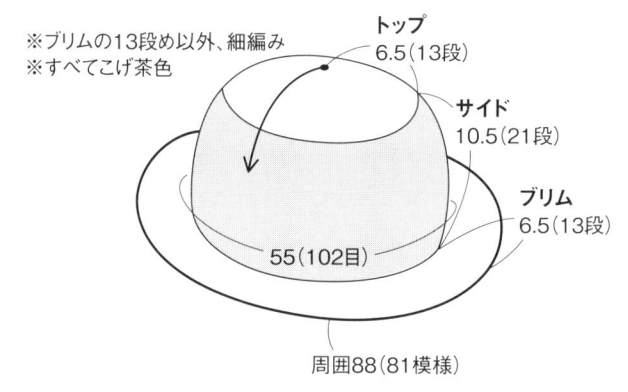

※ブリムの13段め以外、細編み
※すべてこげ茶色

トップ 6.5（13段）
サイド 10.5（21段）
ブリム 6.5（13段）
55（102目）
周囲88（81模様）

## コサージュの編み方記号図

花 ベージュ 1枚

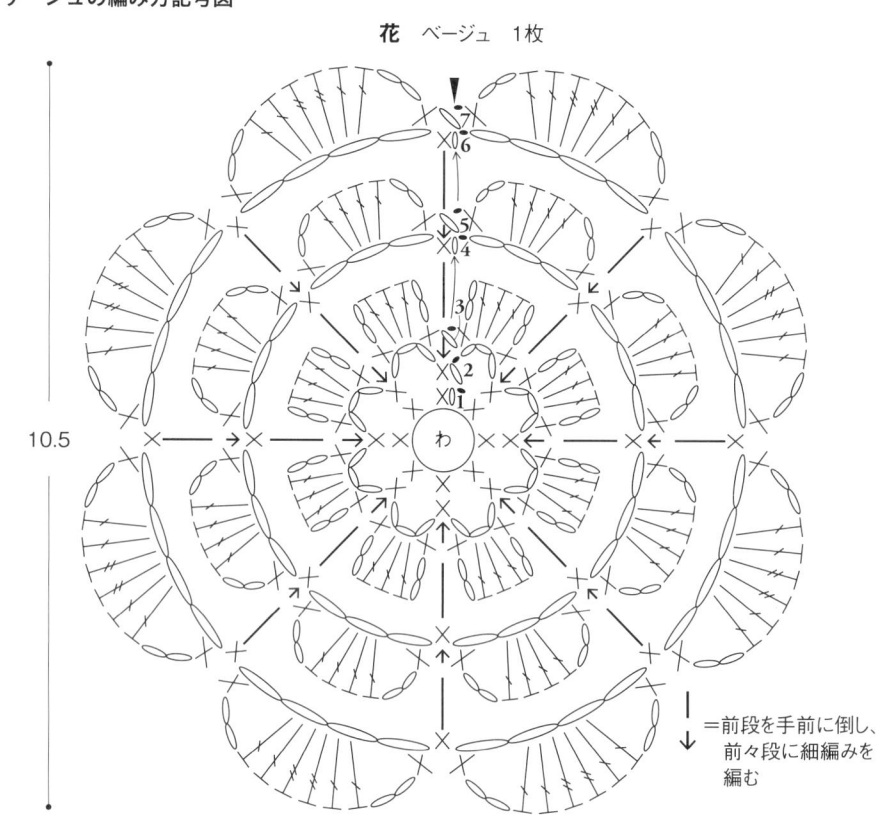

10.5

わ

↓ ＝前段を手前に倒し、前々段に細編みを編む

## コサージュの仕上げ方

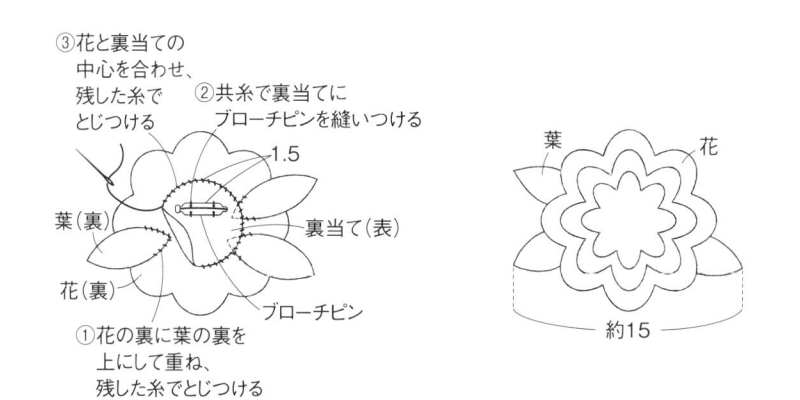

③花と裏当ての中心を合わせ、残した糸でとじつける

②共糸で裏当てにブローチピンを縫いつける

1.5

葉（裏）
花（裏）
裏当て（表）
ブローチピン

①花の裏に葉の裏を上にして重ね、残した糸でとじつける

葉 花

約15

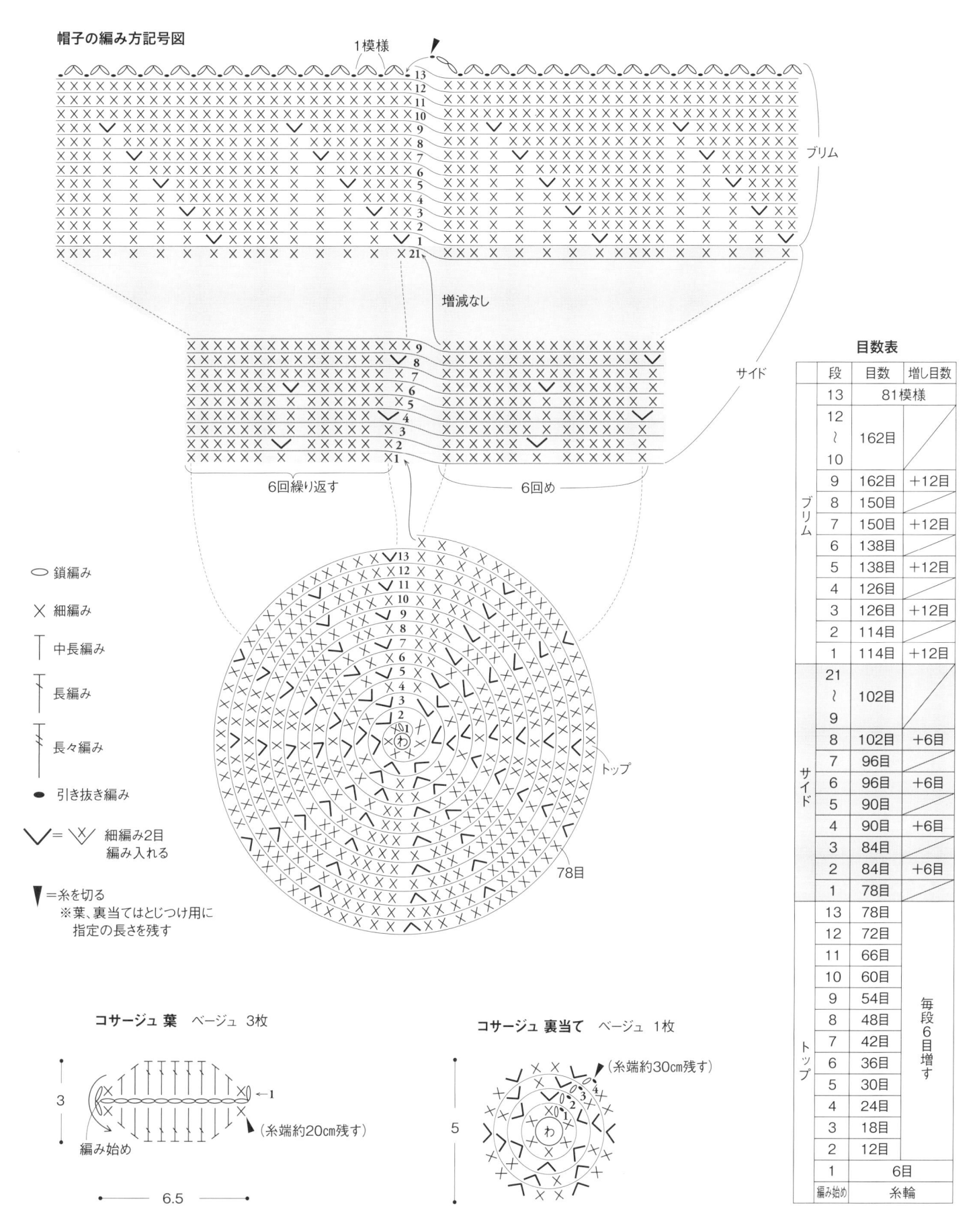

帽子の編み方記号図

1模様　13 12 11 10 9 8 7 6 5 4 3 2 1 21

ブリム

増減なし

サイド

6回繰り返す　6回め

〇 鎖編み
✕ 細編み
⊤ 中長編み
長編み
長々編み
引き抜き編み

∨ = 細編み2目編み入れる

▼ = 糸を切る
※葉、裏当てはとじつけ用に指定の長さを残す

トップ

78目

**目数表**

| | 段 | 目数 | 増し目数 |
|---|---|---|---|
| ブリム | 13 | 81模様 | |
| | 12〜10 | 162目 | |
| | 9 | 162目 | +12目 |
| | 8 | 150目 | |
| | 7 | 150目 | +12目 |
| | 6 | 138目 | |
| | 5 | 138目 | +12目 |
| | 4 | 126目 | |
| | 3 | 126目 | +12目 |
| | 2 | 114目 | |
| | 1 | 114目 | +12目 |
| サイド | 21〜9 | 102目 | |
| | 8 | 102目 | +6目 |
| | 7 | 96目 | |
| | 6 | 96目 | +6目 |
| | 5 | 90目 | |
| | 4 | 90目 | +6目 |
| | 3 | 84目 | |
| | 2 | 84目 | +6目 |
| | 1 | 78目 | |
| トップ | 13 | 78目 | 毎段6目増す |
| | 12 | 72目 | |
| | 11 | 66目 | |
| | 10 | 60目 | |
| | 9 | 54目 | |
| | 8 | 48目 | |
| | 7 | 42目 | |
| | 6 | 36目 | |
| | 5 | 30目 | |
| | 4 | 24目 | |
| | 3 | 18目 | |
| | 2 | 12目 | |
| | 1 | 6目 | |
| | 編み始め | 糸輪 | |

コサージュ 葉　ベージュ 3枚

3
編み始め
←1
（糸端約20cm残す）
6.5

コサージュ 裏当て　ベージュ 1枚

（糸端約30cm残す）
5

レース模様の
サマーソックス

●**出来上がり寸法**
丈18cm　底の長さ23.5cm　足首周り19.5cm
●**ゲージ**　模様編み、メリヤス編み　23目
×34段＝10cm角
●**材料**　並太程度のリネンコットン糸　シル
バーグレー…85g
●**用具**　3号の短い5本棒針、別糸（休み目
用）、とじ針など

**糸の実物大**

**編み方**
糸は1本どり。
**1**　一般的な作り目で45目を作って輪にし、
75ページの編み方記号図を参照し、足首の
模様編みを48段編む。
**2**　甲側の23目を別糸に通して針から外し、
休み目にする。底側の22目でかかとを編む。
メリヤス編みで両端の目を減らしながら往復
に14段編んだら、次は目を拾いながら14段
編む。
**3**　休み目にした23目を針に戻し、底はメ
リヤス編み、甲は模様編みで輪に56段編む。
**4**　つま先はメリヤス編みで目を減らしなが
ら10段編み、底側の12目と甲側の12目を
メリヤスはぎにする。同じものを2枚編む。

**サイズ（底の長さ）を調整する場合**
大きくする…甲と底の56段とつま先の間に、
メリヤス編みを2段（＋約0.5cm）または4段
（＋約1cm）編む。
小さくする…甲と底を54段（－約0.5cm）ま
たは52段（－約1cm）にする。
どちらも甲の最終段で1目減らし、つま先を
編む。

**point**
リネン糸は伸縮性がないので、履き口に足が
入るよう、作り目の寸法に注意してください。

**製図**　※★＝編み方記号図参照

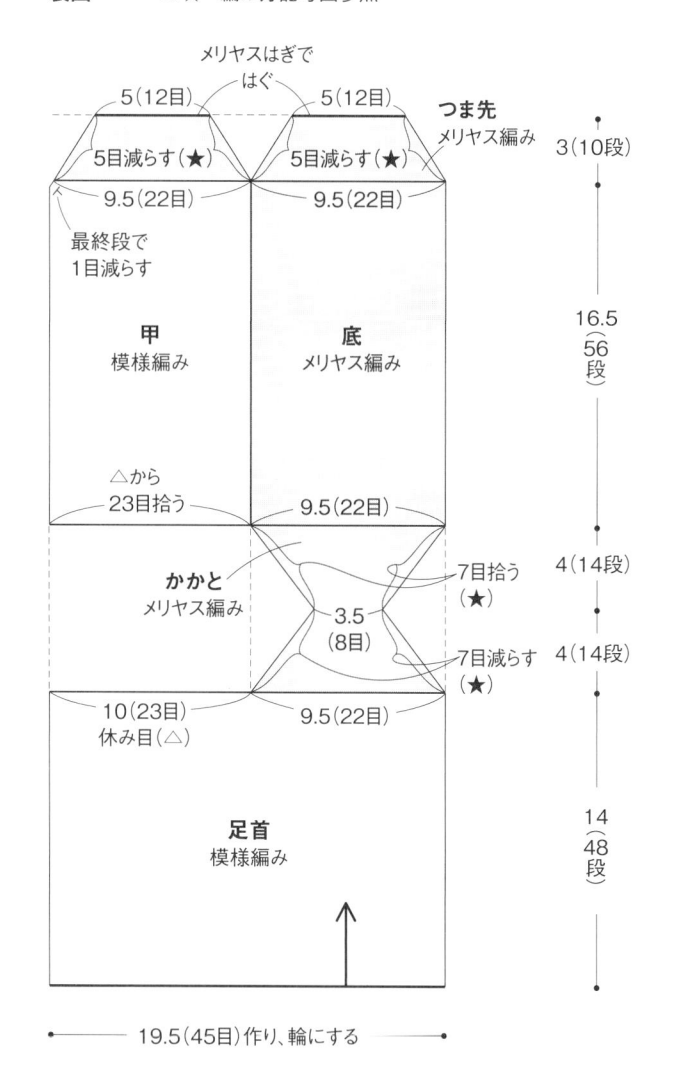

**出来上がり図**

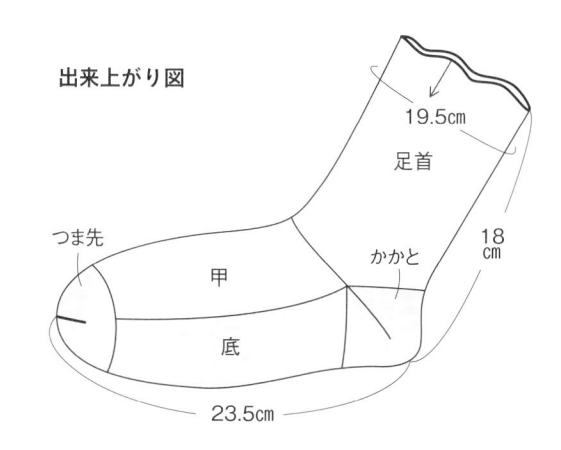

**編み方記号図**

凡例:
- □ = |　表目
- — = 裏目
- ○ = かけ目
- 入 = 右上2目一度
- 人 = 左上2目一度
- 木 = 中上3目一度
- ∨ = すべり目

**メリヤスはぎ**

12目　　12目

**つま先**　メリヤス編み

←10
←2
←1
←56
←51

甲の最終段で1目減らす

**甲**　模様編み

**底**　メリヤス編み　増減なし

←14
←10
←2
←1
→14

△から23目拾う

矢印の下の目に針を入れ、1目編む

**かかと**　メリヤス編み

→10
←1
→14
→10
→2
→1
←48

23目休み目（△）

**足首**　模様編み　増減なし

←39
←26
←20
←14
←10
←3
←2
←1

12段1模様

45　40　30　20　10 9　2 1　(作り目)

9目1模様

75

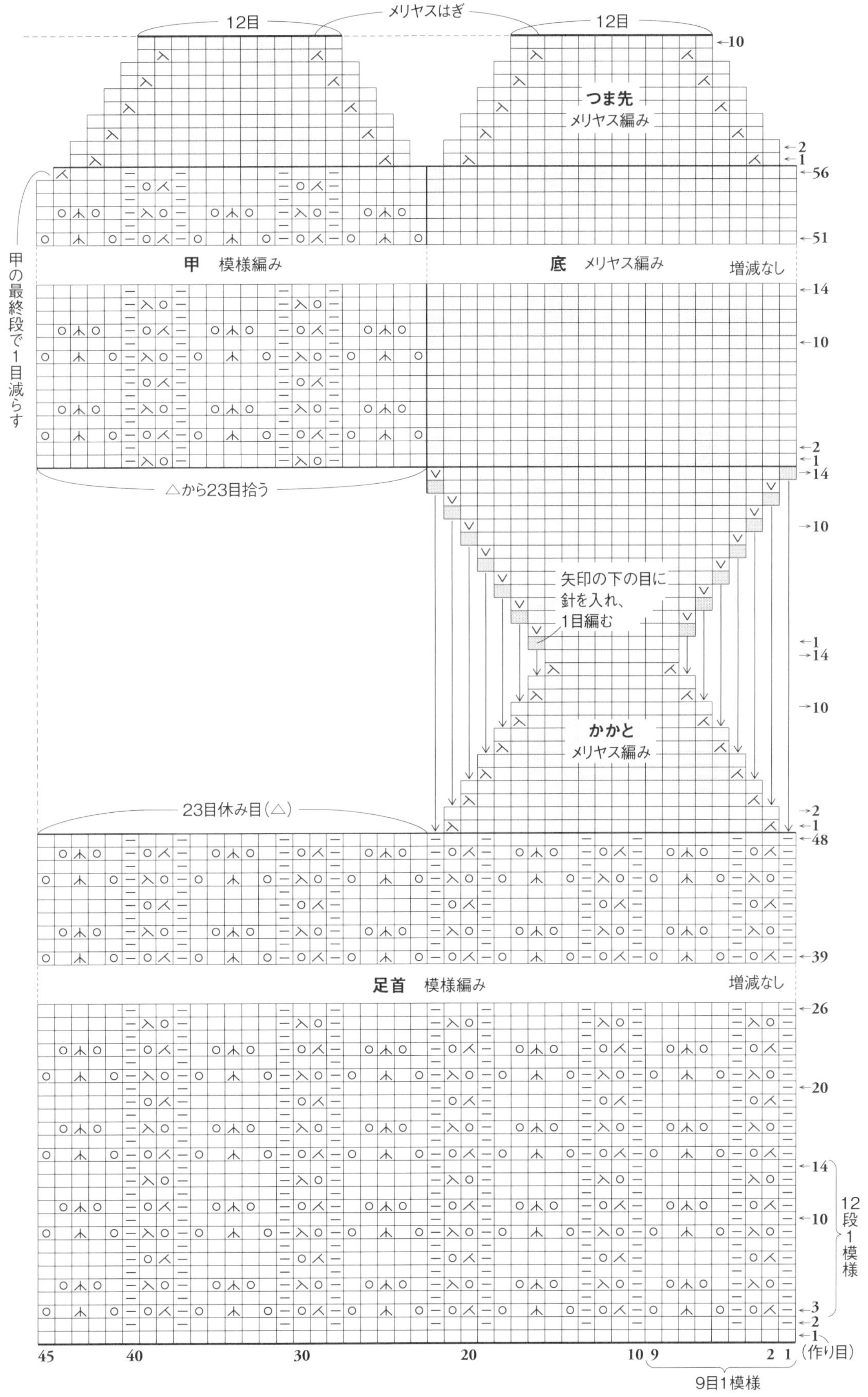

七分そでの
　　　　コットンカーディガン

### ●出来上がり寸法
胸囲98.5cm　着丈54cm　ゆき丈58cm
### ●ゲージ
メリヤス編み　24目×30段＝10cm角、模様編みA　22目×30段＝10cm角
### ●材料
合太程度のコットン糸　ブルー…370g、直径1.3cmのボタン…7個
### ●用具
5号、4号玉付き2本棒針、4/0号かぎ針（作り目、かぶせ引き抜きはぎ用）、別糸（作り目、休み目用）、とじ針など

**糸の実物大**

### 編み方
糸は1本どり。製図は77ページを参照し、指定の針で編む。

**1**　後ろ身ごろは4/0号針で、後からほどける作り目で115目を作る。編み方記号図を参照し、5号針でメリヤス編みを編み、90段めで目を減らす。続けて模様編みAを編みながら、そでぐり、えりぐりを減らして編む。肩の23目はそれぞれ別糸に通して休み目にする。

**2**　右前身ごろ、左前身ごろは、後ろ身ごろの要領で編む（記号図は78、79ページ）。

**3**　後ろ身ごろの作り目をほどき、4号針で目を拾い、すそに模様編みBを編む（記号図は78ページ）。前身ごろのすそも同様に編む。

**4**　肩を4/0号針でかぶせ引き抜きはぎし、5

号針で前後身ごろのそでぐりから拾い目し、そでをメリヤス編みで目を減らしながら編み（記号図は79ページ）、4号針で模様編みBを編む。もう片方のそでも、同様に編む。

**5**　わき、そで下、そでぐりの伏せ目の部分を中表に合わせてすくいとじでとじる。

**6**　えりぐり、前立てに4号針で模様編みBを編む。右前身ごろの前立てのボタン穴は、模様の穴を利用する（78ページの「前立てのボタン穴位置」を参照）。

**7**　ボタン穴の対称の位置に、共糸の割り糸でボタンをつける。

### point
透かし模様を編むときは、2目一度の向きに注意してください。そでは身ごろから均等に拾い、えりぐりは拾い出す目を少しきつめに編むと伸びなくてきれいです。

**後ろ身ごろのメリヤス編みの減らし方と模様編みAの編み方記号図**

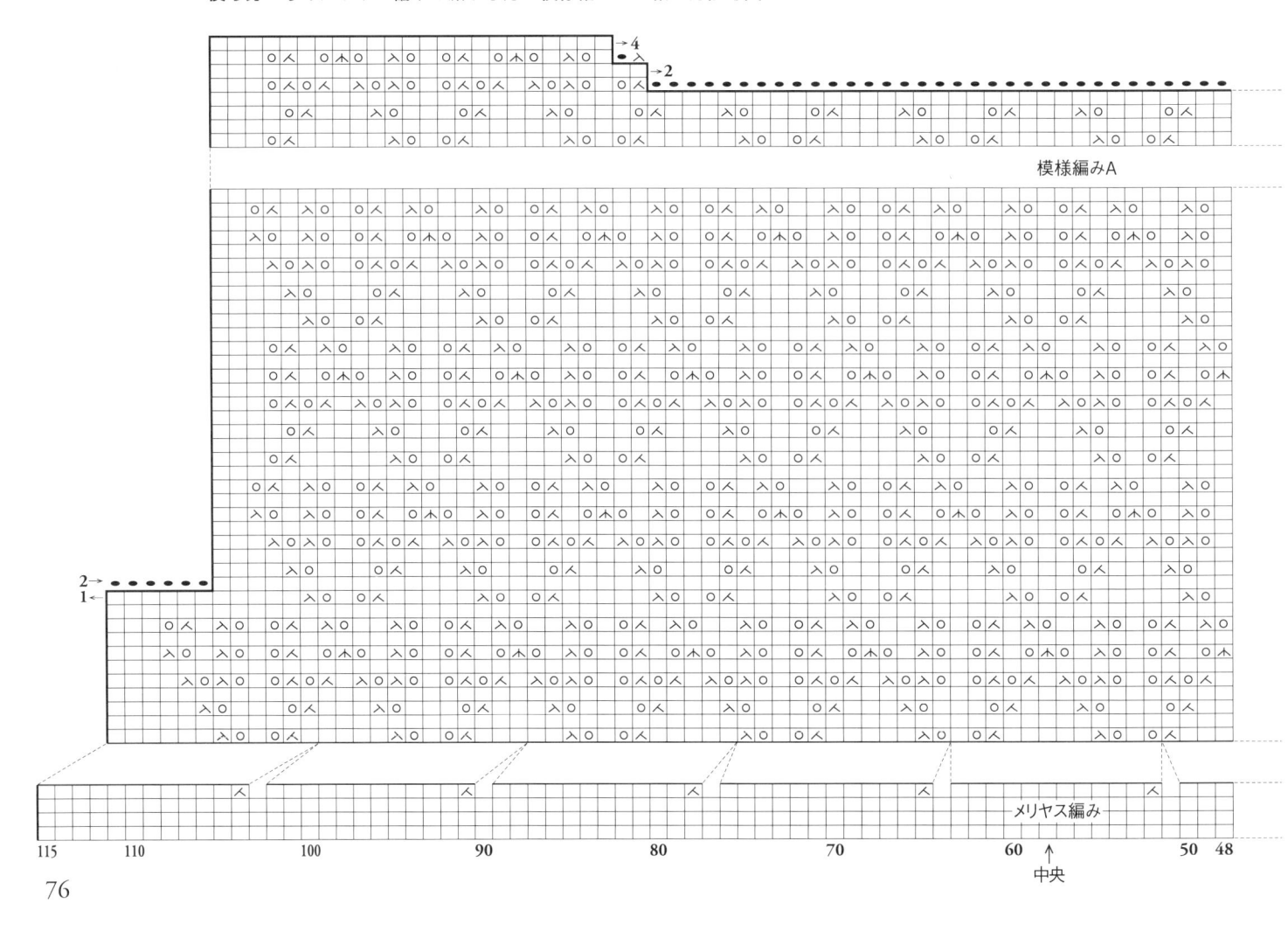

模様編みA

メリヤス編み

115　110　100　90　80　70　60　50　48

中央

※左前身ごろは右前身ごろと対称に編む
模様編みBは、7段編んだら裏から表目で伏せ目をする

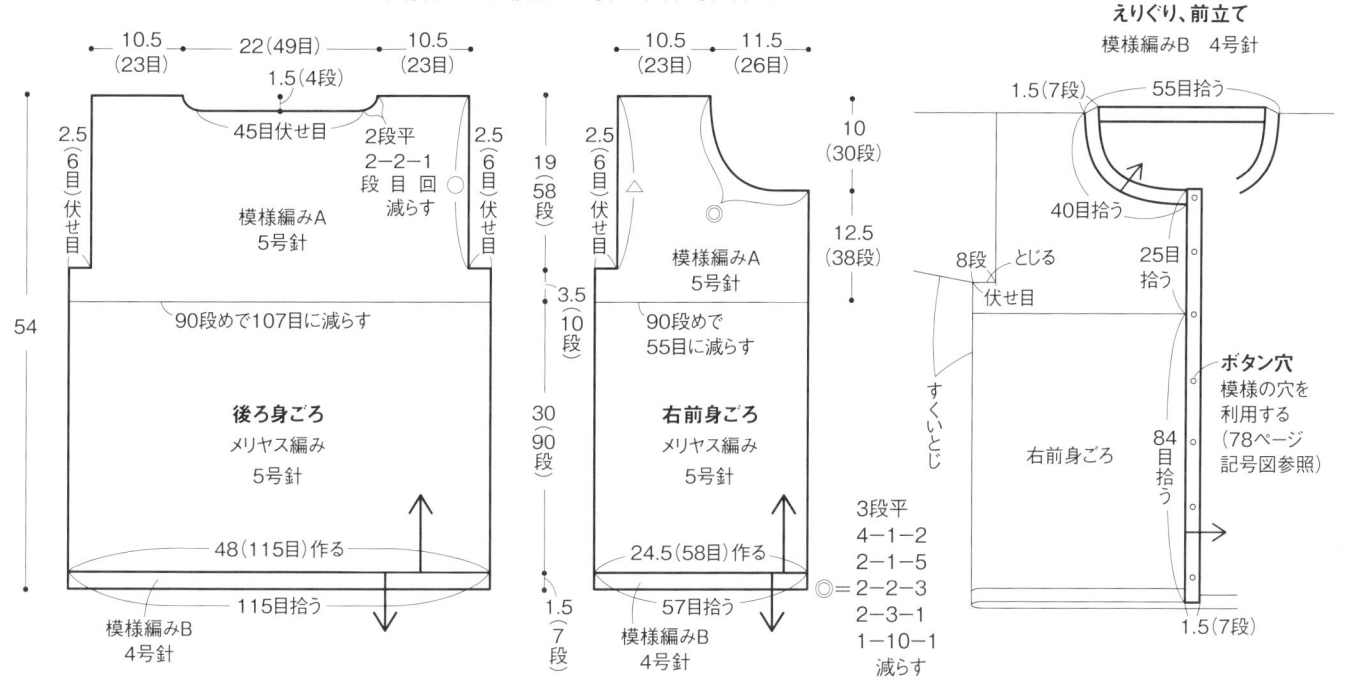

### えりぐり、前立て
模様編みB　4号針

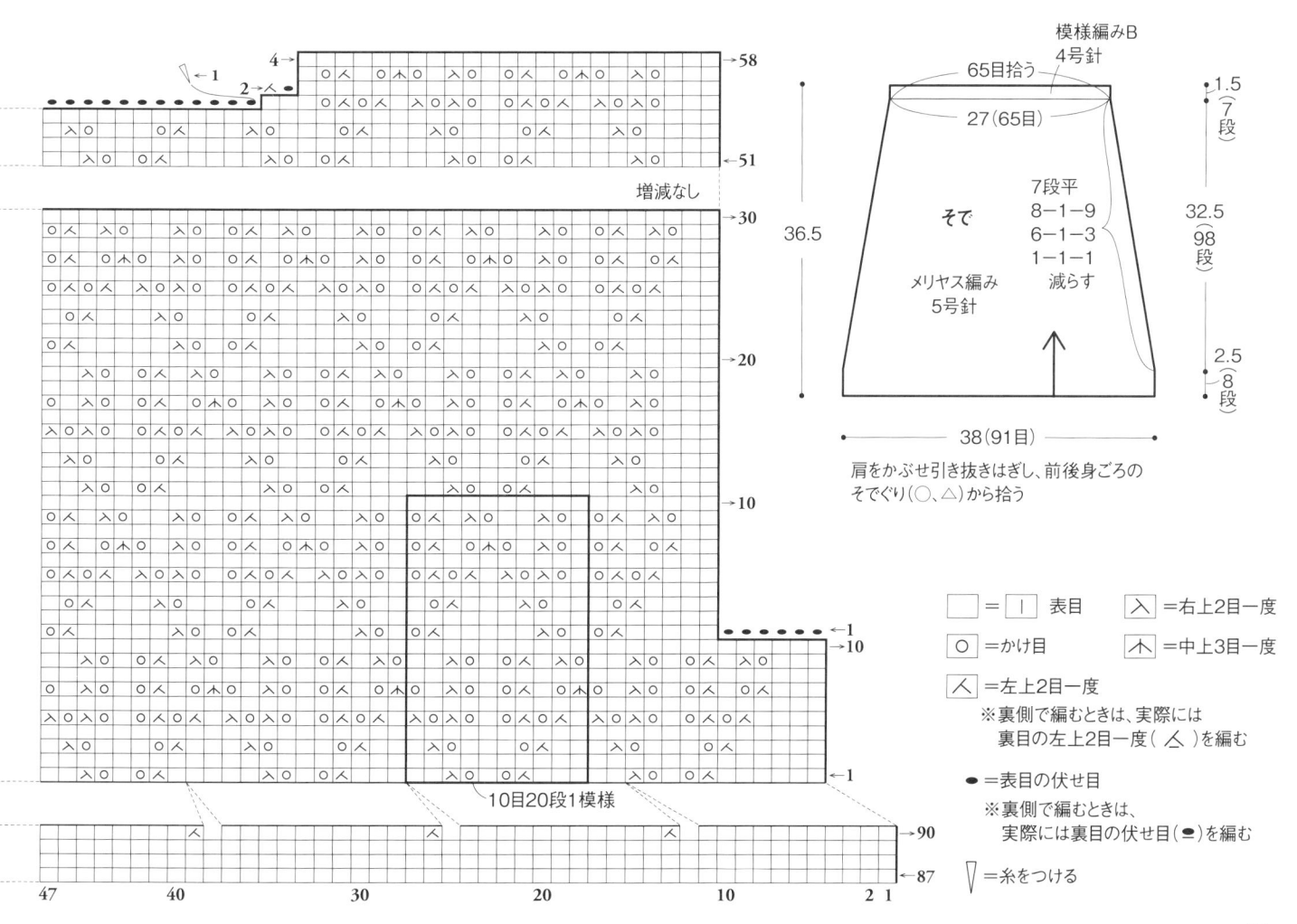

|  | = | 表目 | | = 右上2目一度 |
| --- | --- | --- | --- | --- |

□＝│　表目
○＝かけ目
人＝左上2目一度
入＝右上2目一度
木＝中上3目一度

※裏側で編むときは、実際には
　裏目の左上2目一度（人）を編む

●＝表目の伏せ目
※裏側で編むときは、
　実際には裏目の伏せ目（●）を編む

∨＝糸をつける

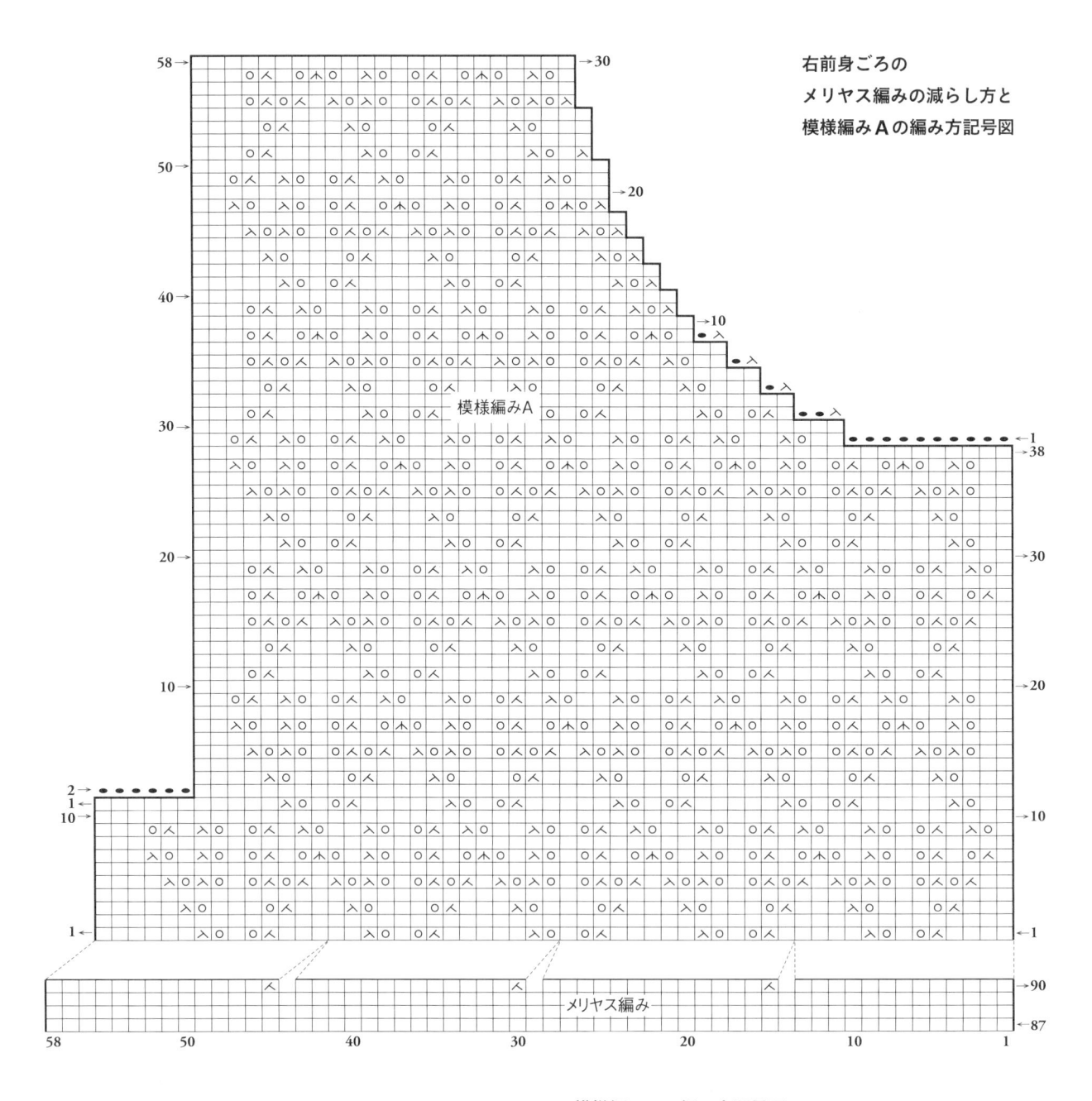

**右前身ごろの
メリヤス編みの減らし方と
模様編みＡの編み方記号図**

模様編みＡ

メリヤス編み

**模様編みＢの編み方記号図**

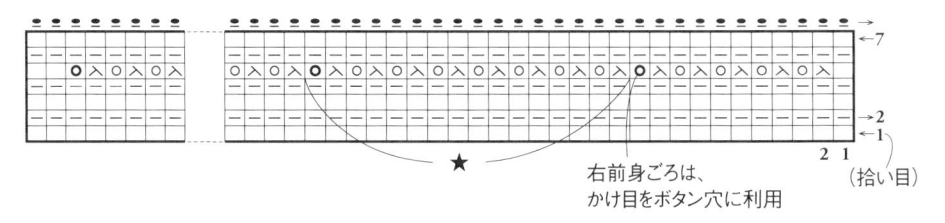

※前身ごろのすそは、1段めの1か所で2目一度に目を減らす
※右前身ごろの前立てのボタン穴は、★を全部で6回繰り返す

★

右前身ごろは、
かけ目をボタン穴に利用

（拾い目）

**目の拾い方アドバイス**

そでぐりは全体をだいたい9分割して
待ち針を打ち、それぞれから10目（1
か所のみ11目）拾います。前身ごろの
すそは、編み終わり近くで2目一度に
して、1目減らしましょう。

□ ＝ |＝表目

－ ＝裏目

● ＝裏目の伏せ目
※裏側で編むので、実際には
表目の伏せ目（●）を編む

※そのほかの凡例は77ページ参照

78

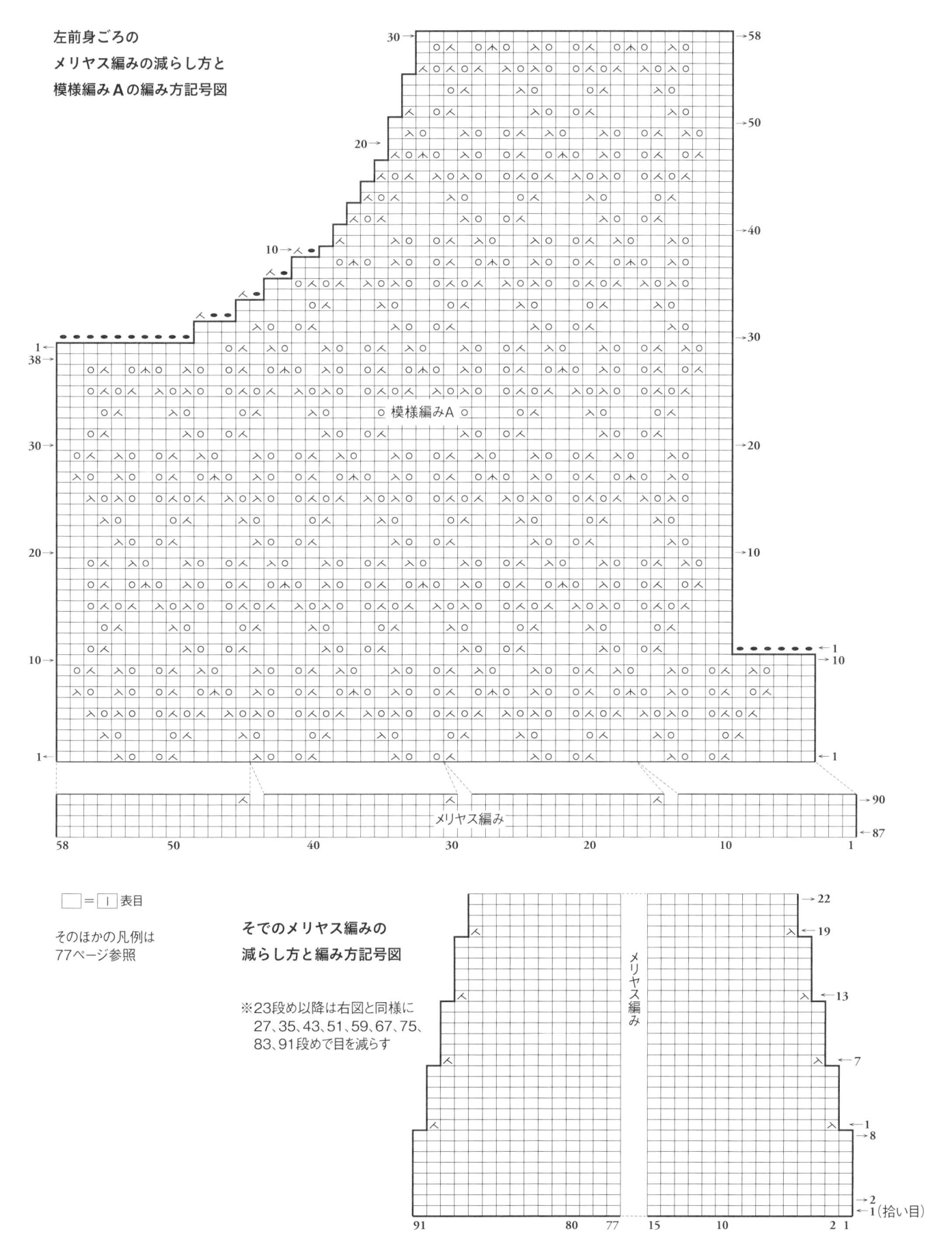

左前身ごろの
メリヤス編みの減らし方と
模様編みＡの編み方記号図

○ 模様編みＡ ○

□ = I 表目

そのほかの凡例は
77ページ参照

メリヤス編み

そでのメリヤス編みの
減らし方と編み方記号図

※23段め以降は右図と同様に
　27、35、43、51、59、67、75、
　83、91段めで目を減らす

メリヤス編み

**point**
模様編みで前段の鎖に編みつけるときは、すべて目をそっくりすくって拾います。長編み2目・3目の玉編は、長編みの足が短くならないよう気をつけて、ふっくらと編みましょう。肩ひもは段数を増減させると、体型に応じて長さを調節できます。

●**出来上がり寸法**
すそ周り126cm　着丈70.5cm　背肩幅30cm
●**ゲージ**
模様編みA　1模様＝7cm、8段＝9.5cm
模様編みB　21目×12段＝10cm角
●**材料**　並太程度のラメ入りリネンコットン糸　生成り…390g
●**用具**　5/0号かぎ針、とじ針など

**糸の実物大**

**編み方**
糸は1本どり。

**1**　後ろ身ごろは鎖73目を作り、81ページの編み方記号図を参照し、模様編みA'、Aですそに向かって編み、糸を切る。編み地の向きをかえ、作り目から拾い目して模様編みBを編む。

**2**　前身ごろは後ろ身ごろと同様に模様編みBまで編んだら、さらに肩ベルトを編む。

**3**　肩ベルトの編み終わりを、後ろ身ごろに中表に合わせて全目の巻きかがりではぐ。

**4**　わきを中表に合わせて鎖編みと引き抜きとじにする。

**製図**

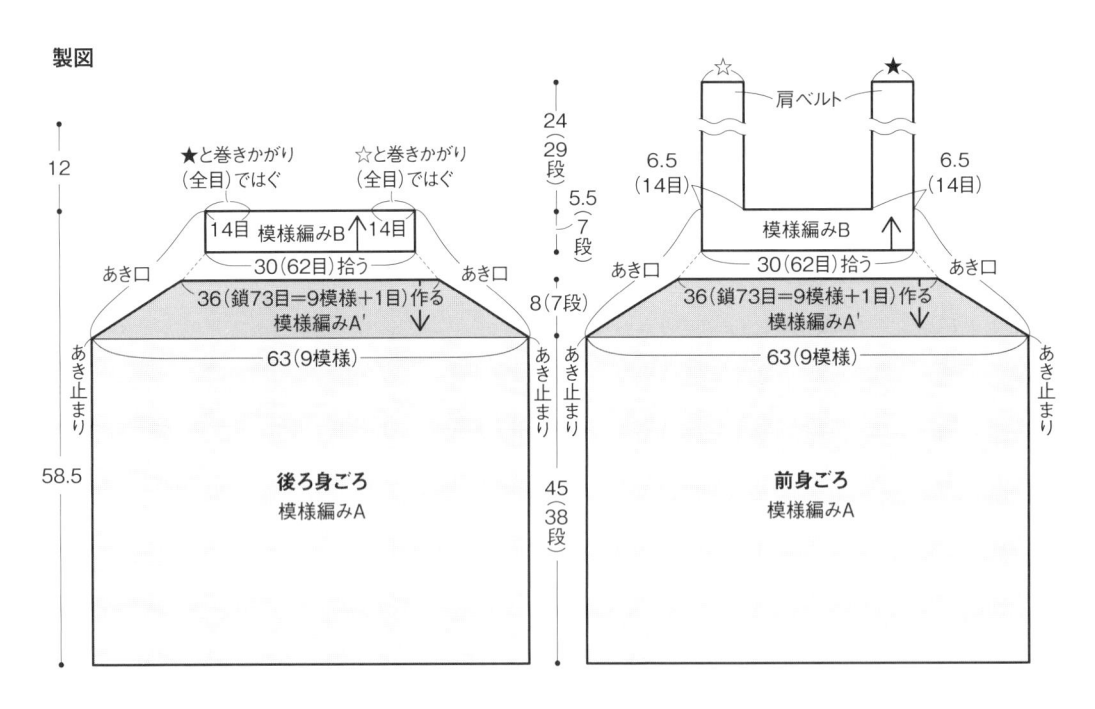

**模様編みBの編み方記号図（前身ごろ・肩ベルト）**

※後ろ身ごろは7段めまで編んだら糸を切る

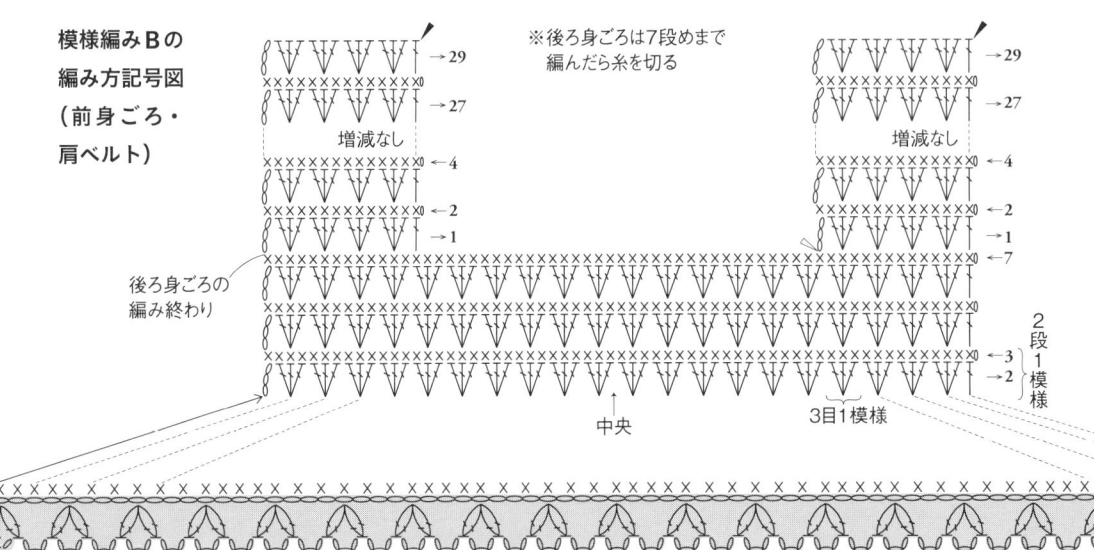

**模様編みA、A'の編み方記号図**

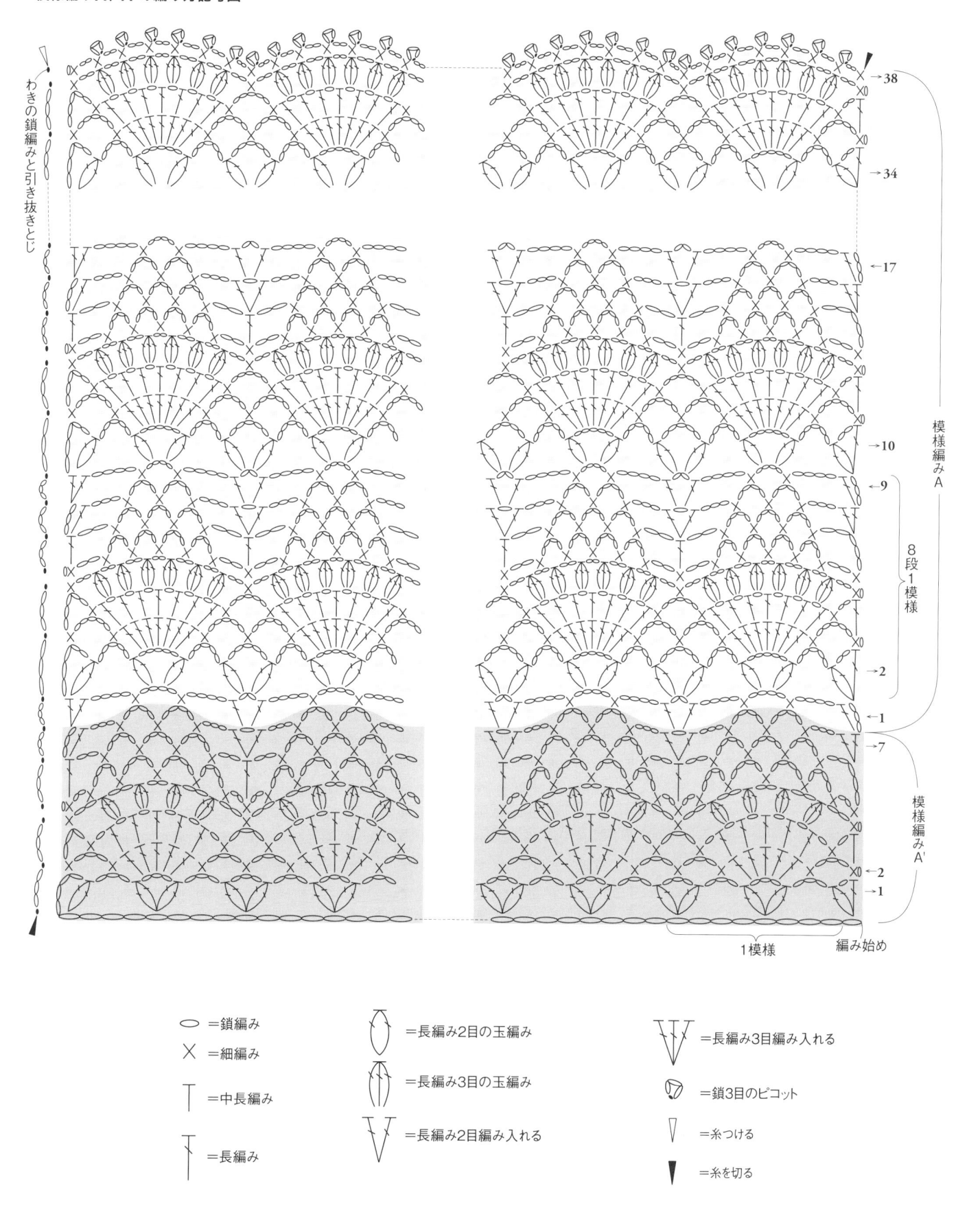

○＝鎖編み

×＝細編み

$\top$＝中長編み

$\dagger$＝長編み

＝長編み2目の玉編み

＝長編み3目の玉編み

＝長編み2目編み入れる

＝長編み3目編み入れる

＝鎖3目のピコット

＝糸つける

＝糸を切る

**まっすぐ編みの
ボーダー
プルオーバー**

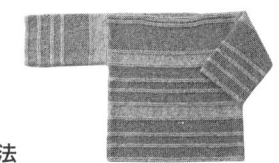

●**出来上がり寸法**
胸囲100cm　着丈53cm　ゆき丈56.5cm
●**ゲージ**
模様編みのしま　16目×25段＝10cm角
●**材料**　並太程度のツイードヤーン
青…200g　ブルーグレー…180g
●**用具**　8号・10号玉付き2本棒針、7/0号
かぎ針(引き抜きはぎ用)、別糸(休み目用)、
段数マーカー、とじ針など

**編み方**
糸は1本どり。編み方順序と出来上がり図を
参照し指定の針と糸で、**1～4**の順に編む。
**1**　身ごろを編む。ブルーグレーの糸と8号
針を使い、一般的な作り目で80目を作る。
83ページの編み方記号図を参照し、ガーター
編みを4段編んだら10号針にかえ、指定の
段で糸をかえながら模様編みのしまを124
段編む。途中、そでの拾い目止まり(★)に段
数マーカーで印をつける。8号針にかえ、ブ
ルーグレーでガーター編みを6段編むが、最
終段を編むときに、えりあきの36目を伏せ
目にし、肩の22目はそれぞれ別糸に通して
目を休める(83ページの「えりあきの伏せ目

**糸の実物大**

の仕方」を参照)。同じものを2枚編む。
**2**　肩を中表に合わせ、7/0号針で引き抜き
はぎする。
**3**　そでを編む。10号針、ブルーグレーの糸
で身ごろから拾い目し、模様編みのしまを
76段編み、8号針にかえてブルーグレーの糸
でガーター編みを4段編み、伏せ目にする。
もう片方のそででも、同様に編む。
**4**　わき、そで下をそれぞれ中表に合わせて
すくいとじでとじる。

**point**
配色糸はその都度切らずに、縦に糸を渡しま
しょう。身ごろもそででも、すべて直線で出来
ているので、目数段数を増やすだけで、サイ
ズ調整も簡単にできます。

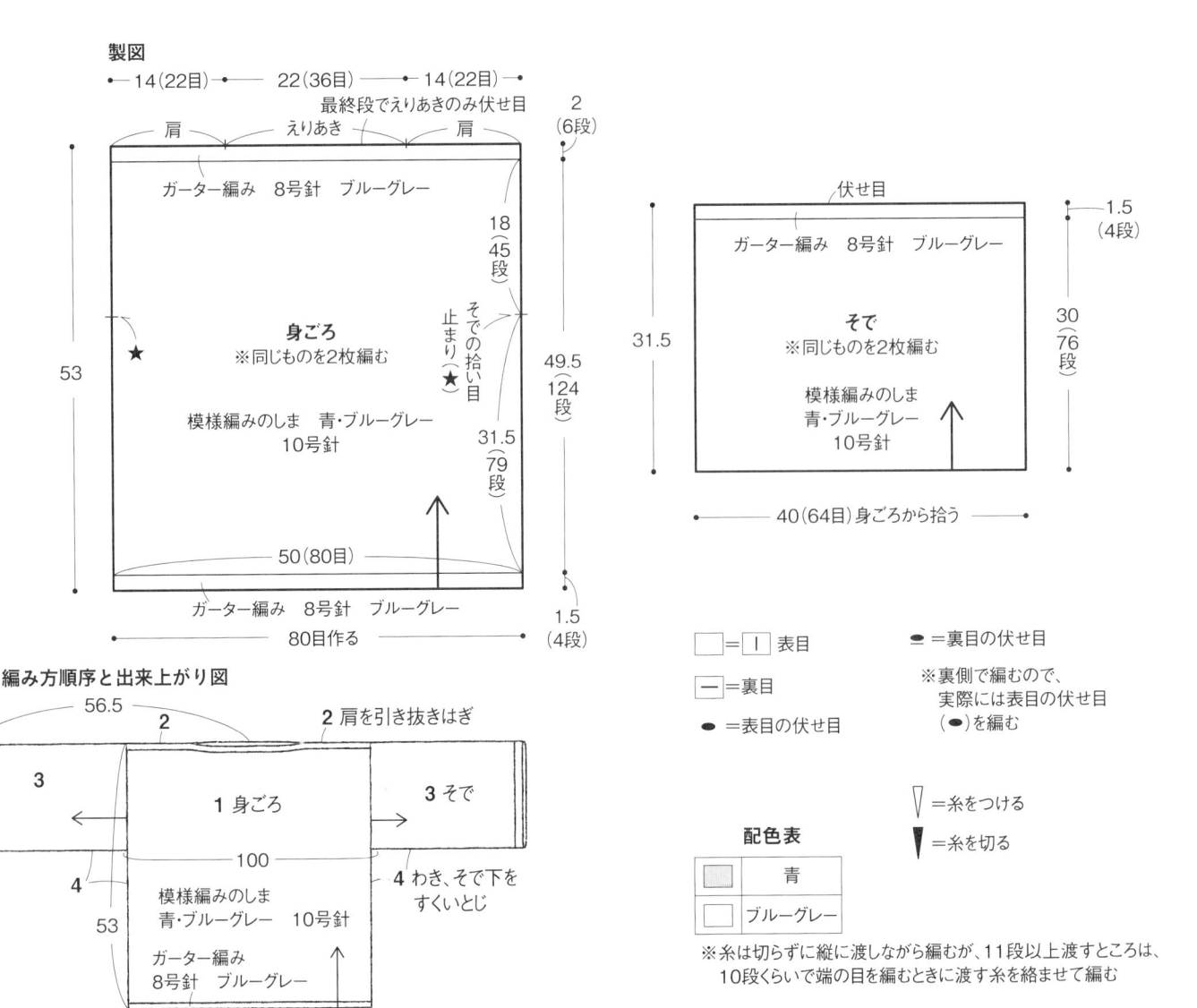

**身ごろの編み方記号図**

**えりあきの伏せ目の仕方**

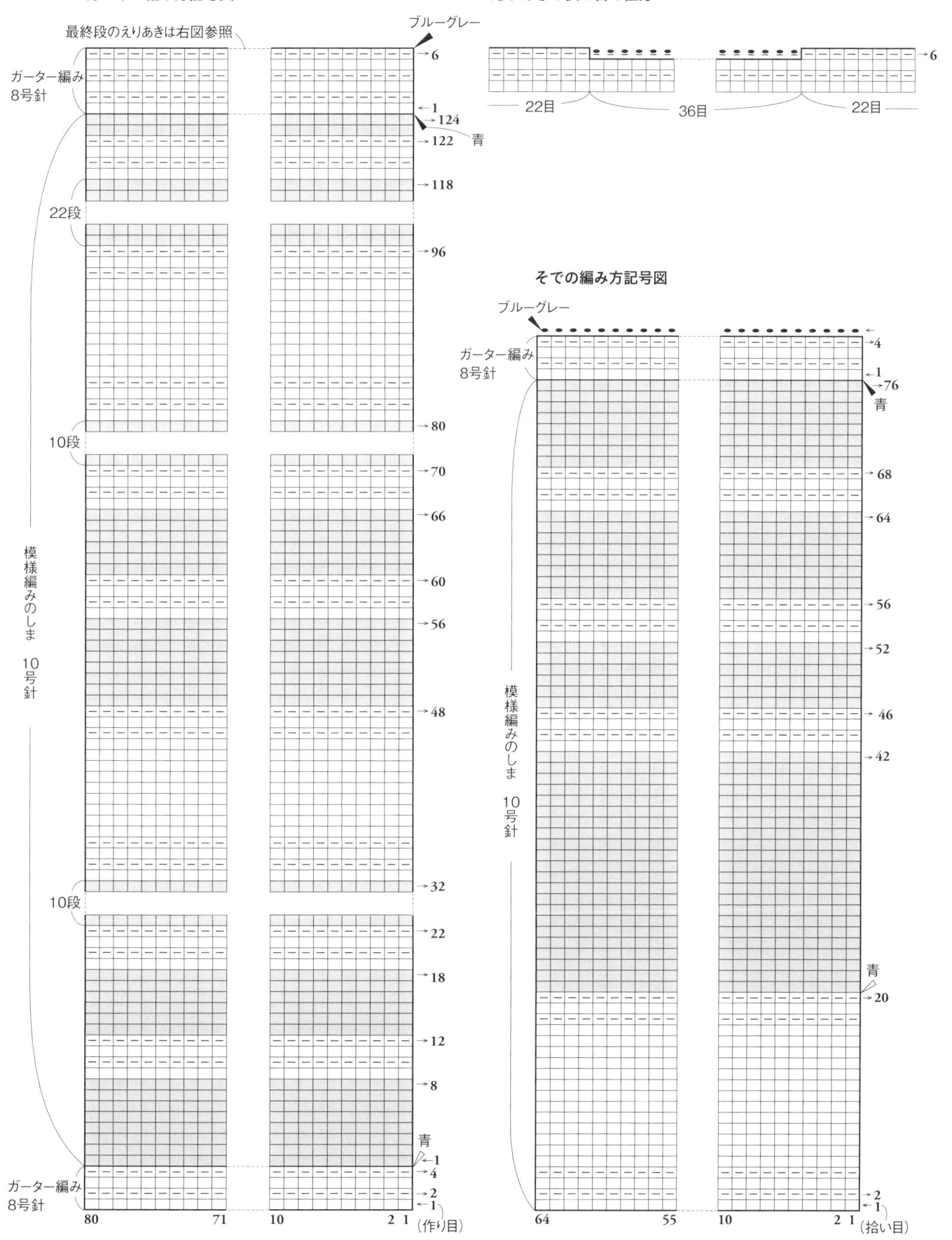

最終段のえりあきは右図参照

ブルーグレー

ガーター編み
8号針

→6
→1
→124 青
→122
→118

22段

→96

10段

→80
→70
→66
→60
→56

→48

→32

10段

→22
→18
→12
→8
青 ←1
←4
→2
←1

ガーター編み
8号針

80　71　　10　2 1 （作り目）

模様編みのしま
10号針

— 22目 —　— 36目 —　— 22目 —

**そでの編み方記号図**

ブルーグレー

ガーター編み
8号針

→4
→1
→76 青

→68
→64

→56
→52

→46
→42

青 →20

→2
←1

模様編みのしま
10号針

64　55　　10　2 1 （拾い目）

**すそスカラップの
チュニック**

**●出来上がり寸法**
胸囲96cm　着丈63cm　ゆき丈25.5cm
**●ゲージ**
模様編みA　2模様＝約5cm、14段＝10cm
模様編みB　2模様＝7.5cm、12段＝10cm
**●材料**　中細程度のコットンテープヤーン
パープル…300g
**●用具**
5/0号かぎ針、段数マーカー、とじ針など

**糸の実物大**

**編み方**
糸は1本どりで編む。
**1**　身ごろは鎖115目を作り目し、85ページ
の編み方記号図を参照して模様編みAを編む。
途中、そでぐりのあき止まり（★）に段数マー
カーで印をつける。54段めまで編んだら、
肩の4段は糸を渡しながら（*）編み、糸を切
る。作り目の反対側に糸をつけ、模様編みB
を25段編み、糸を切る。同じものを2枚編む。
**2**　仕上げ方を参照し、①〜④の順に仕上げ
る。えりぐり、そでぐりは、それぞれ☆の位
置に糸をつけて縁編みを編み始め、4段を輪
に編む。
＊糸を渡す…85ページの編み方記号図を参
照し、図の左側の肩の1段めまで編んだら、
かぎ針にかかっている目を広げて糸玉を通し
て引き締める。糸は切らずに2段めの編み始
めまで渡し、2段めを編む。3段め以降も、1、
2段めと同様にする。

---

**point**
前後同形、ほぼ直線ですが、肩のみ斜線が入
ります。えりぐりにあたる最終段は、頭を入
れるときにきつくならないように気をつけま
しょう。

---

**製図**

11
←（26目）→
26（63目）
11
←（26目）→
3（4段）

肩　えりぐり　肩

そでぐり

18（25段）　そでぐり

★

**身ごろ**
※同じものを2枚編む

**模様編みA**

わき

63

あき止まり（★）　わき

21（29段）

48（鎖115目＝19模様＋1目）作る

39（54段）

114目拾う

**模様編みB**　増減なし

21（25段）

60（16模様）

---

**仕上げ方**

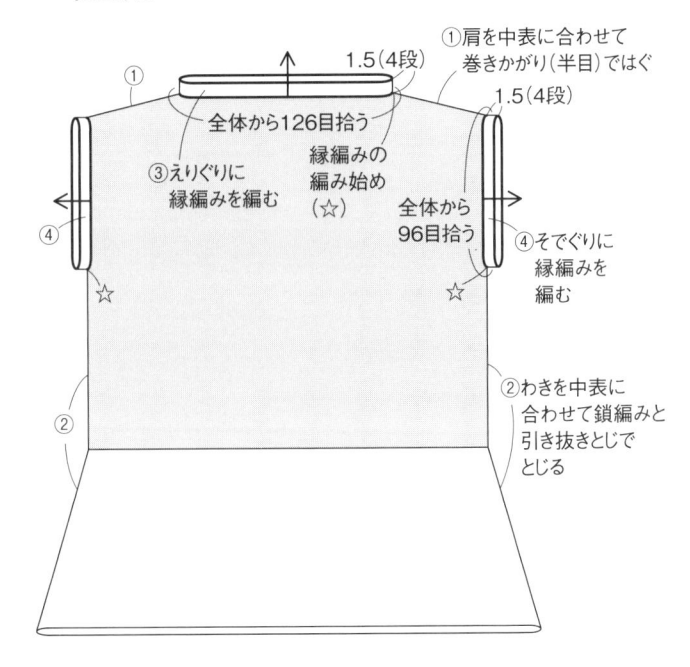

①肩を中表に合わせて
巻きかがり（半目）ではぐ

1.5（4段）

1.5（4段）

①

全体から126目拾う

縁編みの
編み始め
（☆）

③えりぐりに
縁編みを編む

④

全体から
96目拾う

④そでぐりに
縁編みを
編む

②

☆

☆

②わきを中表に
合わせて鎖編みと
引き抜きとじで
とじる

---

**目の拾い方アドバイス**
そでぐりは前後に分けて考え、25段から48
目。わき下2段のみ1段1目、それ以外の23
段は1段2目ずつ拾いましょう。

---

**縁編みの編み方記号図**

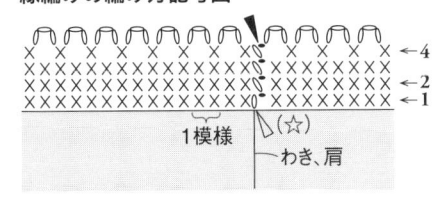

←4
←2
←1

1模様

（☆）

わき、肩

# 身ごろの編み方記号図

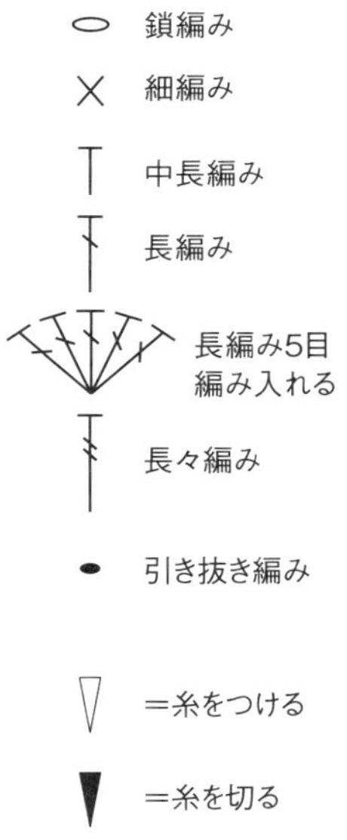

凡例:
- ◯ 鎖編み
- ✕ 細編み
- T 中長編み
- ⊥ 長編み
- 長編み5目編み入れる
- 長々編み
- ● 引き抜き編み
- ▽ ＝糸をつける
- ▲ ＝糸を切る

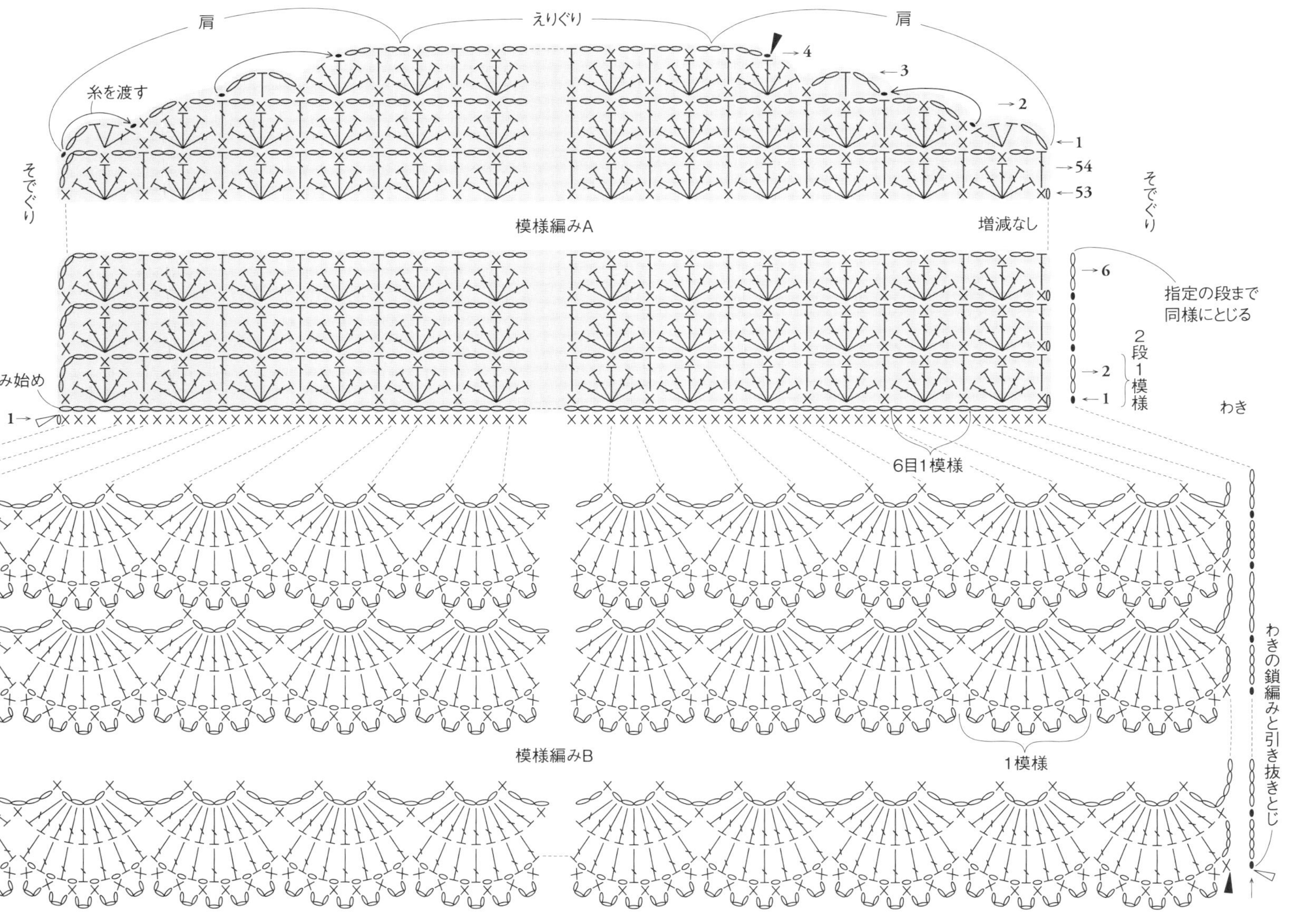

肩　えりぐり　肩

そでぐり　そでぐり

模様編みA

増減なし

糸を渡す

編み始め

わき　1→

えりぐり

→2　→1　54　53　X0

→3　→4

指定の段まで同様にとじる

6　2　1

2段} 模様
1} 模様

わきの鎖編みと引き抜きとじ

わき

6目1模様　1模様

模様編みB

増減なし

わき

2→　5→　6→　9→　22→　25→

4段1模様

85

赤い糸の直線プルオーバー

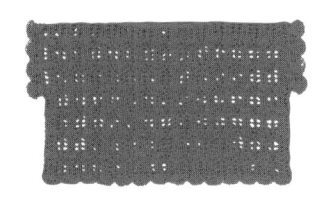

●**出来上がり寸法**　身幅70.5cm　着丈45.5cm
●**ゲージ**
細編み　20目＝10cm、2段＝1cm
模様編み　2模様×9.5段＝10cm角
●**材料**
合細程度のシルク糸　赤…320g
●**用具**
5/0号かぎ針、とじ針など

**糸の実物大**

**編み方**
糸は1本どり。
**1**　身ごろは鎖141目を作り目し、肩からすそに向かって細編み2段、模様編み42段を増減なく編む（細編みの1段めは、作り目の鎖の裏山に編む）。同じものを2枚編む。
**2**　肩を中表に合わせ、全目の巻きかがりではぐ。
**3**　わきを中表に合わせて鎖編みと引き抜きとじでとじる。
**4**　そでぐりから80目を拾い、細編み、模様編みを輪に編む。もう片方のそでぐりも、同様に編む。

**point**
最初の細編み2段がそのままえりぐりになるので、寸法どおりに編みましょう。中長編み3目の変形玉編みは、中長編みの足をしっかり長めに編むことがポイントです。

**製図**

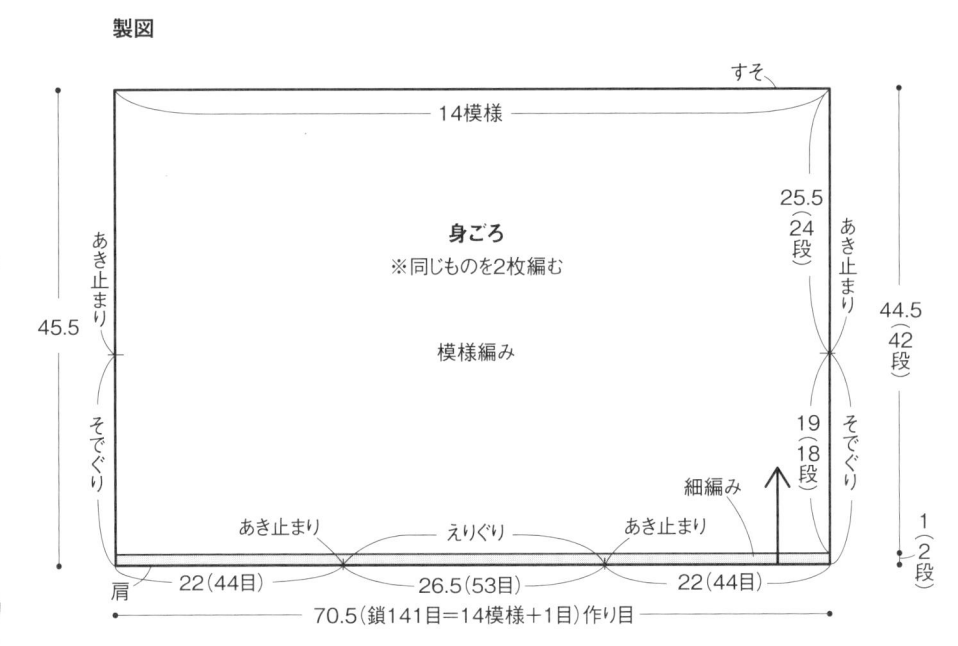

**仕上げ方**
※①〜③の順に仕上げる

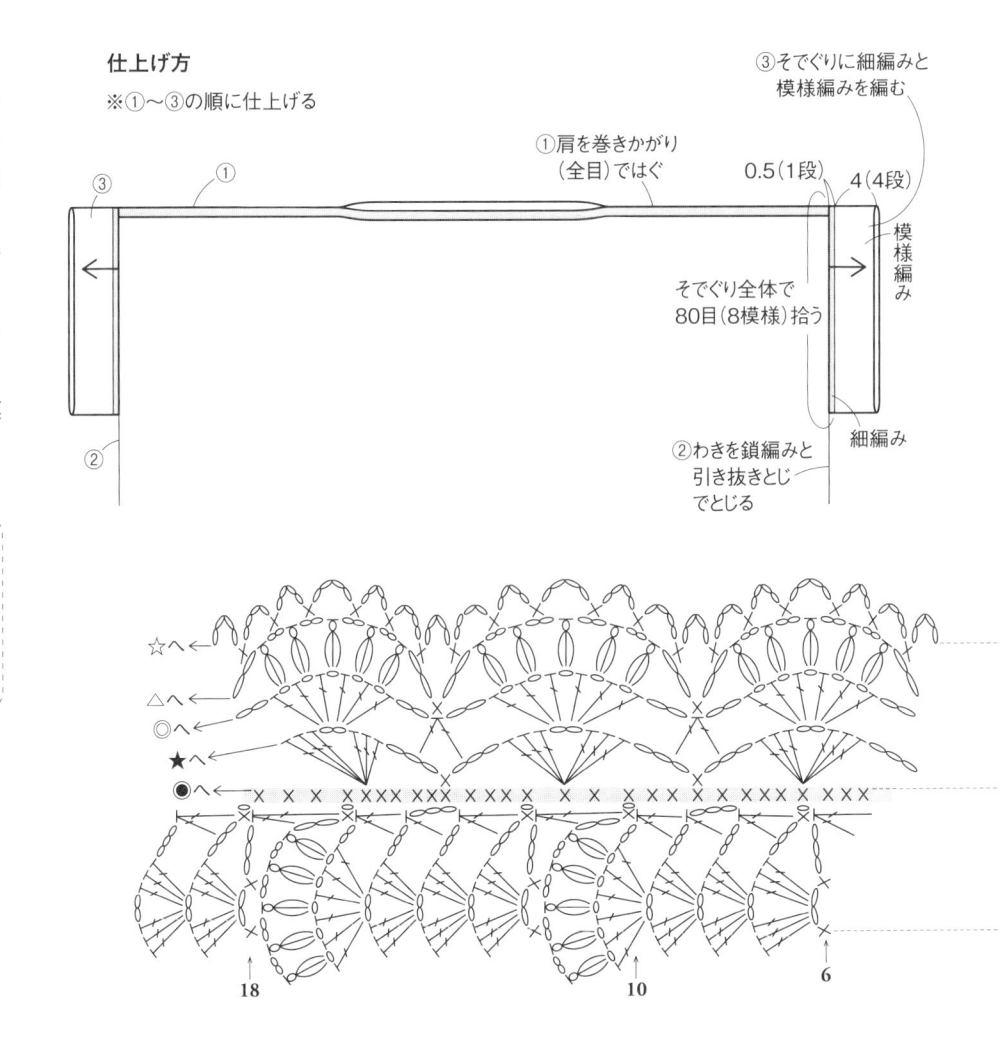

## 身ごろの編み方記号図

凡例:
- ⬭ 鎖編み
- ✕ 細編み
- ● 引き抜き編み
- │ 中長編み
- ┬ 長編み
- ⋀ 長編み2目一度
- ⋁⋁⋁ 長編み3目編み入れる
- ⬯ 中長編み3目の変形玉編み
- ▽ =糸をつける
- ▼ =糸を切る

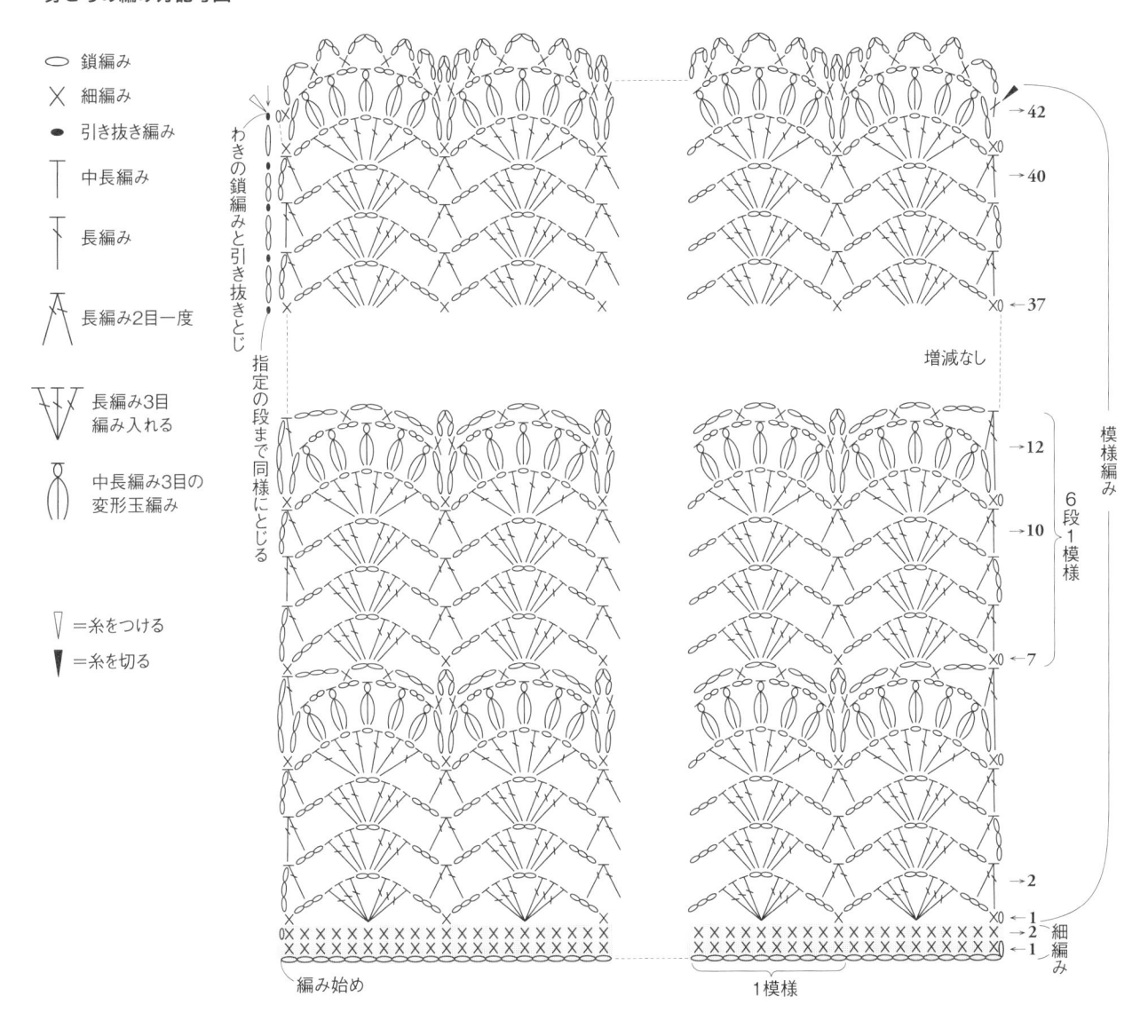

わきの鎖編みと引き抜きとじ
指定の段まで同様にとじる

増減なし

模様編み

6段1模様

→42
→40
→37

→12
→10
→7
→2
→1
→2 細編み
→1

編み始め　　　　1模様

## そでぐりの編み方記号図

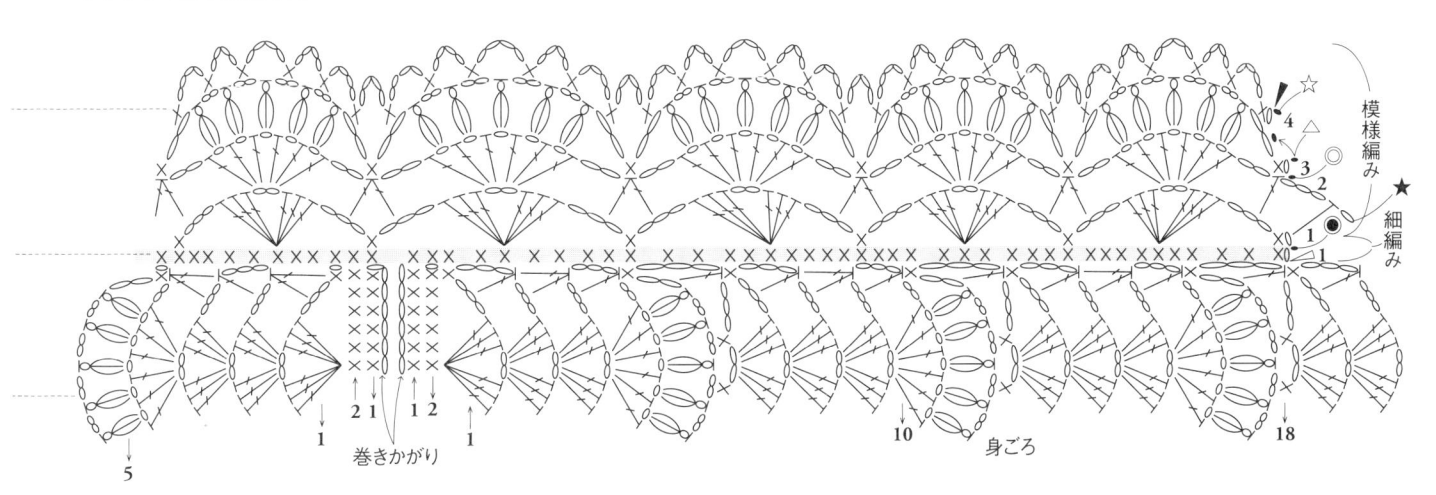

模様編み
細編み

★
☆ △
◎
●

4
3
2
1

巻きかがり
2　1　　1　2
1　　　　1
5
10　　身ごろ
18

透かし模様の
Aラインベスト

●**出来上がり寸法**
胸囲96cm　着丈56cm　背肩幅38.5cm

●**ゲージ**
模様編み　21目×27段＝10cm角

●**材料**　並太程度のストレート糸　マスタードカラー…310g、2cm角のボタン…3個

●**用具**　6号玉付き2本棒針、5号4本棒針、5/0号かぎ針（作り目、かぶせ引き抜きはぎ用）、別糸（作り目、休み目用）、棒針のキャップ、とじ針など

**糸の実物大**

**編み方**
糸は1本どり。指定の針で編む。

**1**　後ろ身ごろは、5/0号針で後からほどける作り目で123目を作る。89ページの編み方記号図を参照し、6号針で模様編みを編む。92段は中間で目を減らし、続けてそでぐり、えりぐりを減らして54段編む。肩の15目はそれぞれ別糸に通して休み目にする。

**2**　右前身ごろ、左前身ごろは、後ろ身ごろの要領で編む（90ページの編み方記号図参照）。

**3**　後ろ身ごろの作り目をほどいて5号針で目を拾い、すそにガーター編みを7段編み、伏せ目をする（キャップをつけると編み目を落とさず安心）。前身ごろのすそも、同様に編む。

**4**　前後身ごろを中表に合わせ、肩を5/0号針でかぶせ引き抜きはぎ、わきをすくいとじでとじる。

**5**　えりぐり、前立て、そでぐりにガーター編みを編むが、右前身ごろの前立てにはボタン穴をあけ、そでぐりは輪に編む。

**6**　ボタン穴の対称の位置に、共糸の割り糸でボタンをつける。

**製図**

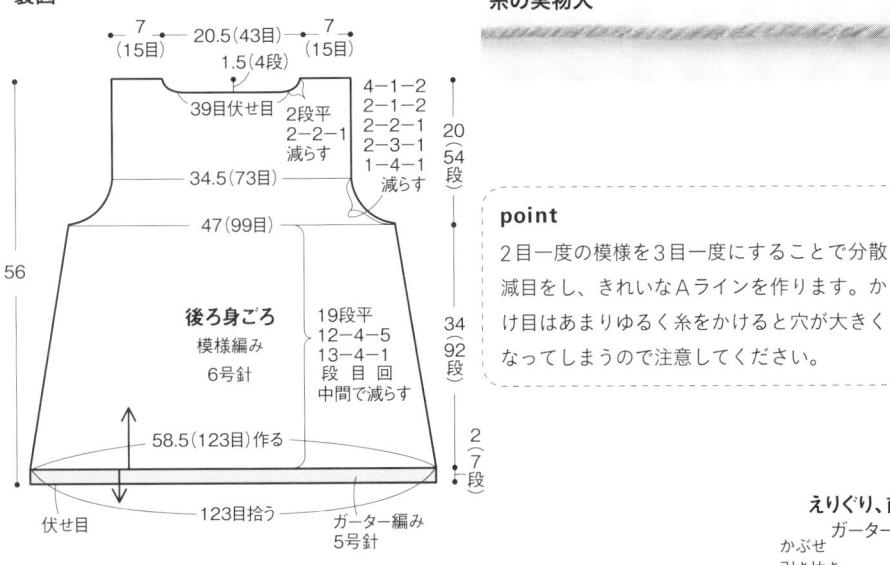

**point**
2目一度の模様を3目一度にすることで分散減目をし、きれいなAラインを作ります。かけ目はあまりゆるく糸をかけると穴が大きくなってしまうので注意してください。

**えりぐり、前立て、そでぐり**

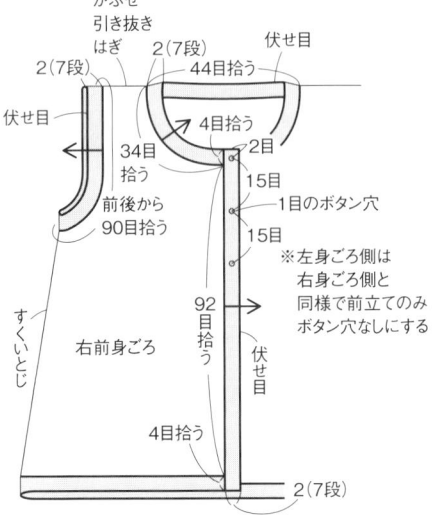

**目の拾い方アドバイス**
前えりぐりの場合、だいたい3分割して待ち針を打ち、それぞれから11目、11目、12目というように均等に拾います。拾う位置は、端より1目内側がわかりやすく、きれいに出来ます。

**ボタン穴のあけ方（右前立て）**

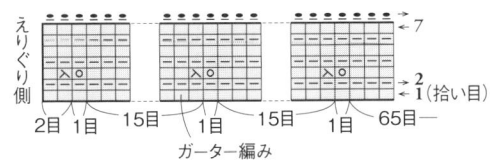

**ガーター編みの編み方記号図**

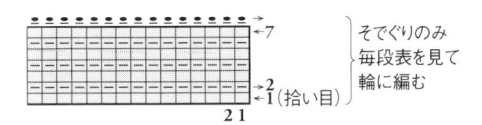

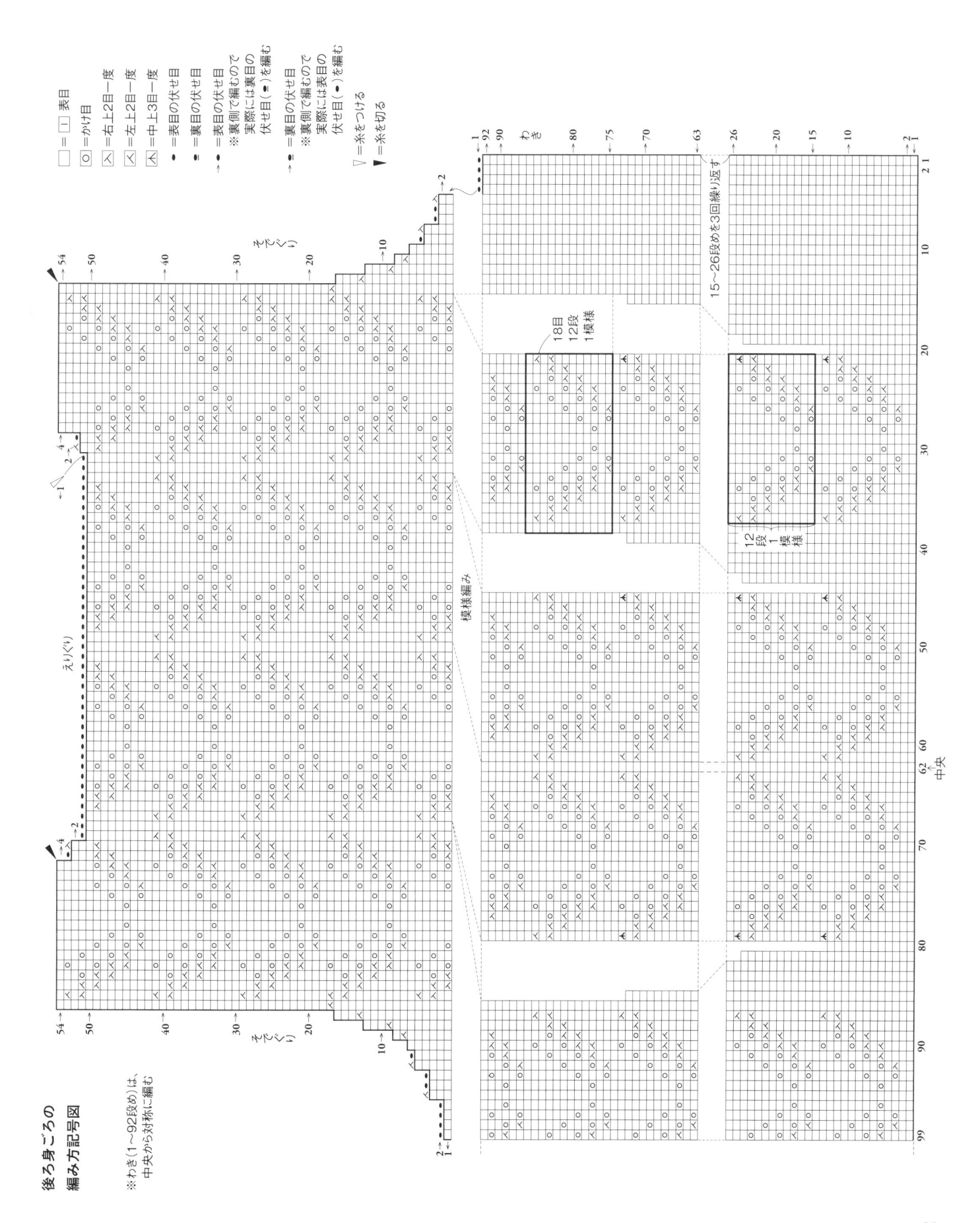

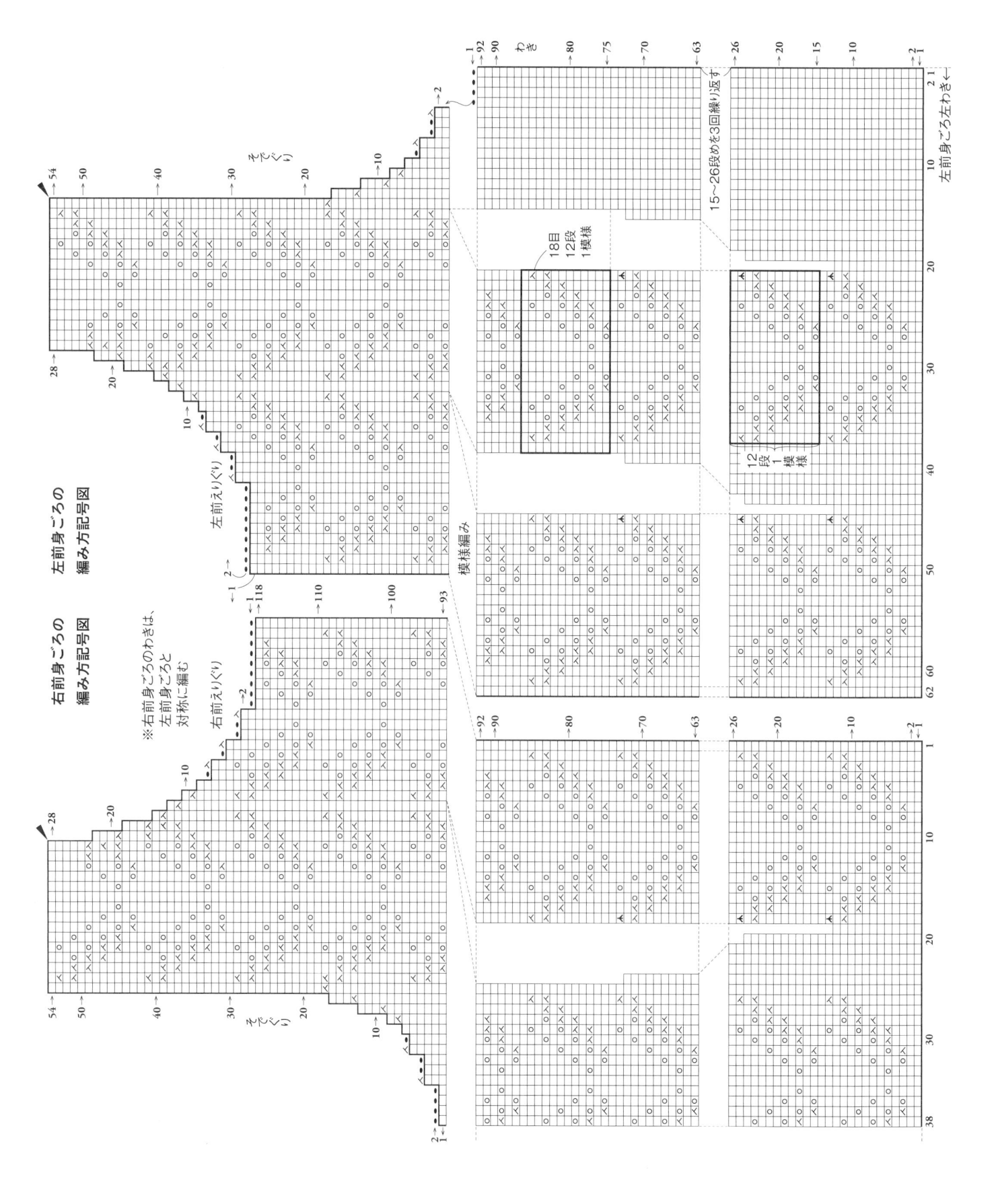

# この本で
# 使用している糸

本書で使用した糸は
下記のとおりです。
メーカーまたはブランド、
糸名(重さ・糸長)、
本書の色名(メーカーの色名・色番号)
の順に掲載しています。
糸に関しては、下記の各メーカーに
お問い合わせください。

＊ 2017 年 9 月現在の情報です。

**p.4・47**
フラワーモチーフをつないだストール
パピー　ブリティッシュファイン（25g
116m）　生成り（001）

**p.6・48**
縄編みとイギリスゴム編みのケープ
ハマナカ　ソノモノアルパカリリー（40g
120m）　グレー（114）

**p.8・50**
透かし模様のショール
パピー　ブリティッシュファイン（25g
116m）　ブルー（064）

**p.9・51**
地模様のマフラーとコサージュ
パピー　シェットランド（40g 90m）　ブ
ルー（9）

**p.10・52**
シェル模様のマルチスヌード
ハマナカ　アメリー（40g 110m）　淡ピン
ク（ピーチピンク・28）

**p.12・54**
直線編みのファーつきケープ
ハマナカ　フーガ（40g 120m）　ベージ
ュ系（1）／ハマナカ　ルーポ（40g 38m）
茶色（3）

**p.14・56**
台形のレーシーショール
ハマナカ　フラックスC（25g 104m）　白
（1）

**p.16・58**
キラキラ糸の台形ハンドバッグ
メルヘンアート　ラ メルヘンテープ 3mm
幅（50m）　シルバー×ピンク（パウダーピ
ンク・120）

※編み間違えたときにテープをほどくとくせ
がついていますが、このまま編むと編みにく
いので、ドライヤーで温風を当ててもとに戻
します。

**p.18・60**
ネックウォーマーときどき帽子
ファーつきの透かし編みハンドウォーマー
ハマナカ　アメリー（40g 110m）　パープ
ル（パープルヘイズ・35）／ハマナカ　ルー
ポ（40g 38m）　生成り（1）

**p.20・59**
ストライプ模様のベレー帽
ハマナカ　アランツィード（40g 82m）　グ
リーン系（15）

**p.22・62**
縄編みのウールソックス
パピー　ブリティッシュファイン（25g
116m）　グレー（019）

**p.23・64**
北欧模様のミトン
ハマナカ リッチモア　パーセント（40g
120m）　赤（ダークレッド・64）・生成り（1）

**p.24・25・66・68**
花模様のマルシェバッグ
花模様のフラットポーチ
メルヘンアート　マニラヘンプレース
（約 20g 160m）　黄色（たんぽぽ・901）・
ブルー（わすれなぐさ・905）

**p.26・70**
巾着ショルダーバッグ
パピー　カテリーナ（40g 133m）　オリー
ブ色（908）

**p.28・72**
コサージュのついたラフィア風帽子
ハマナカ　エコアンダリヤ（40g 80m）　こ
げ茶色（159）・ベージュ（169）

**p.30・69**
ロングタイプのスペアカラー
ハマナカ リッチモア　シルクコットンファ
イン（25g 90m）　生成り（2）

**p.32・74**
レース模様のサマーソックス
ハマナカ　フラックスK（25g 62m）　シル
バーグレー（208）

**p.36・76**
七分そでのコットンカーディガン
パピー　コットンコナ（40g 110m）　ブ
ルー（76）

**p.37・80**
リネンのパイナップル編みチュニック
ハマナカ　フラックスKラメ（25g 60m）
生成り（601）

**p.38・82**
まっすぐ編みのボーダープルオーバー
パピー　ソフトドネガル（40g 75m）青
（5248）、ブルーグレー（5204）

**p.40・84**
すそスカラップのチュニック
パピー　アラビス（40g 165m）　パープル
（3805）

**p.42・88**
透かし模様の A ラインベスト
パピー　シェットランド（40g 90m）　マ
スタードカラー（2）

**p.44・86**
赤い糸の直線プルオーバー
パピー　ルチア（25g 125m）　赤（404）

問い合わせ先
（株）ダイドーインターナショナル
パピー事業部
TEL 03-3257-7135
http://www.puppyarn.com

ハマナカ（株）
TEL 075-463-5151
http://www.hamanaka.co.jp

メルヘンアート（株）
TEL 03-3623-3760
http://www.marchen-art.co.jp

# 編み方の基礎

本書で使用しているおもな編み方です。
編み入れる位置は各作品に準じて編んでください。

##  棒針編み

### 作り目

#### 一般的な作り目

① 短い糸
編み幅
の約4倍 ———糸玉へ

② ③ ④

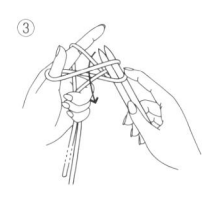

⑤ ⑥

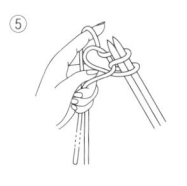

②〜⑥を繰り返す

⑦
1段めになる
針を1本抜く
軽く 表
結んでもよい

*棒針1本で作り目する
場合も同じ要領

#### 後からほどける作り目

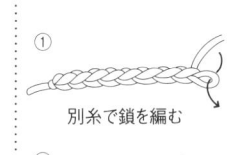

① 別糸で鎖を編む

② 鎖の裏山をすくう

③ ②を繰り返す

④ ⑤

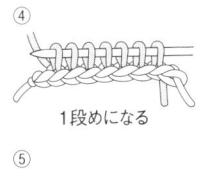

1段めになる

鎖をほどいて目を拾って
編む

### 編み目記号

#### | 表目

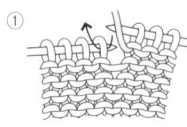

① 糸を向こう側におき、
手前から右針を入れる

② 右針に糸をかけて目から
糸を引き出す

③ 左針から編んだ目を
外す

#### ― 裏目

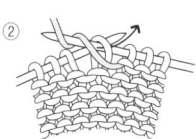

① 糸を手前におき、向こう側
から右針を入れる

② 右針に糸をかけて目から
糸を引き出す

③ 左針から編んだ目を外す

#### ○ かけ目

右針に糸を手前から
向こう側にかける

#### ℓ ねじり目

① ねじって表目を編む

②

#### V 表目のすべり目

① 目をそのまま
右針に移す

② 

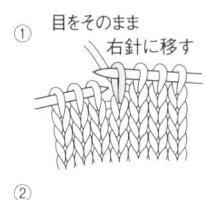

#### V 裏目のすべり目

表目のすべり目の要領で、
目をそのまま右針に移す

#### ⧖ 2目の左上交差

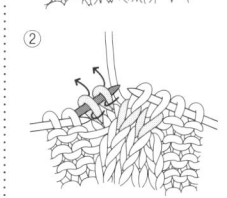

① ②

*目数が変わる場合も
同じ要領で編む

#### ⧗ 2目の右上交差

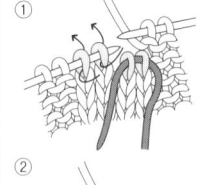

① ②

*目数が変わる場合も
同じ要領で編む

#### ⋋ 表目の右上2目一度

① 編まずに移す
表目を編む

1目を右針に移し、
次の目を表目で編む

② かぶせる

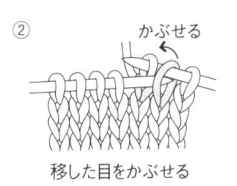

移した目をかぶせる

③

#### ⋌ 表目の左上2目一度

① 2目一度

② 手前から右針を左針の2目
に一度に入れ、表目を編む

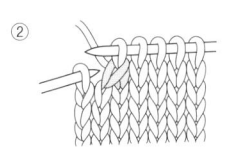

## 目の止め方、とじ方、はぎ方

### 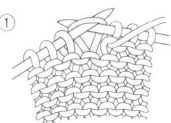 裏目の 右上2目一度

①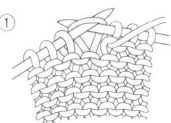
目の向きをかえて右針に2目移す

② 左針に2目移す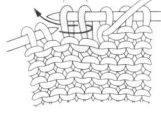

③ 2目一度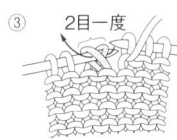

④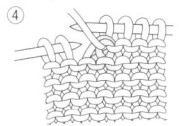

### 裏目の 左上2目一度

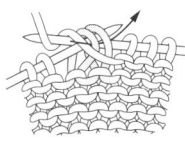
向こう側から右針を左針の2目に入れ、2目一緒に裏目を編む

### 中上3目一度

①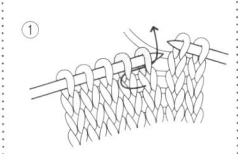
手前から右針を左針の2目に一度に入れ、右針に移す

②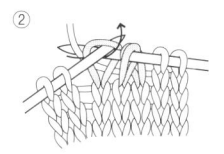
次の目を表目で編む

③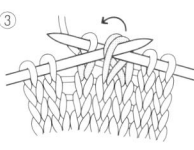
移した目をかぶせる

④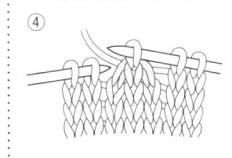

### 右上3目一度

①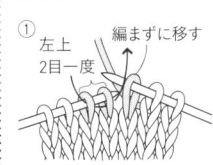
左上2目一度 編まずに移す

② かぶせる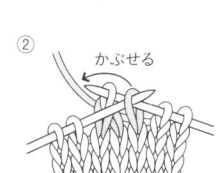

③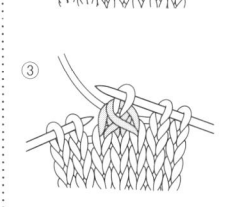

### ● 表目の伏せ目

① 表目 表目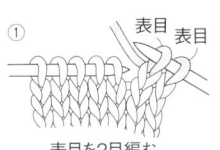
表目を2目編む

② かぶせる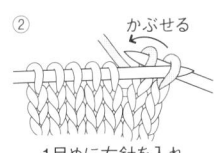
1目めに左針を入れ、2目めにかぶせる

③
次の目を表目で編む

④
表目を編んではかぶせることを繰り返す

### ● 裏目の伏せ目

① 裏目 裏目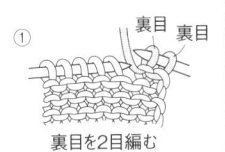
裏目を2目編む

② かぶせる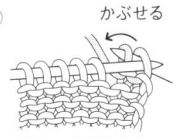
1目めに左針を入れ、2目めにかぶせる

③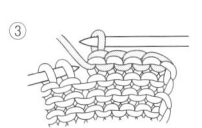
裏目を編んではかぶせることを繰り返す

### すくいとじ（メリヤス編みの場合）

①

②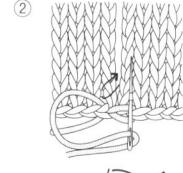

③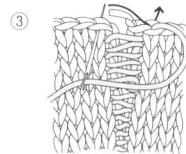

### すくいとじ（ガーター編みの場合）

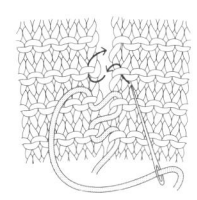
端の目の横の糸に交互に針を入れ、編み地が突き合わせになる程度に糸を引く

### メリヤスはぎ

①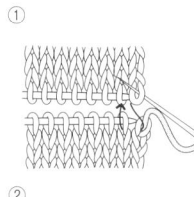

②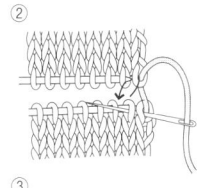

③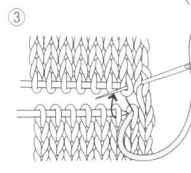

④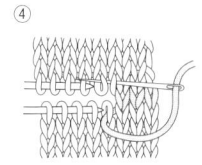

### 引き抜きはぎ

①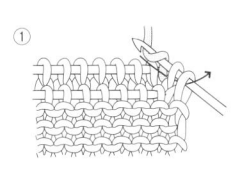

②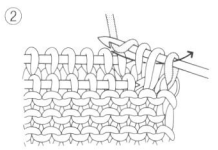

③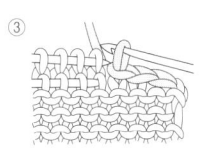

### かぶせ引き抜きはぎ

①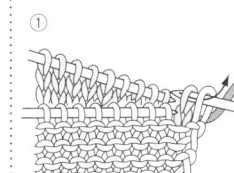
手前の編み地の1目と向こう側の編み地の1目にかぎ針を入れ、向こう側の目を引き出す

②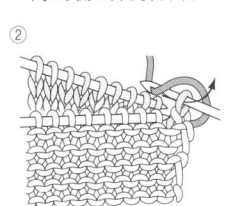
別糸をかぎ針にかけ、①の目から引き出す

③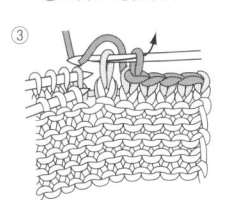
①、②のように向こう側の目を手前の目から引き出し、針に糸をかけて引き抜く

# かぎ針編み

## 作り目

### わ 糸輪の編み始め

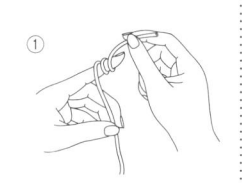

①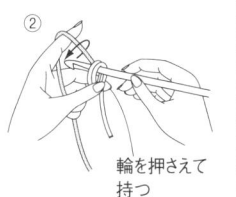
輪を押さえて
持つ

②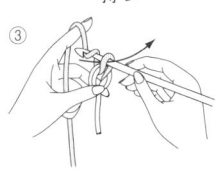
立ち上がりの鎖を1目編む

③ 

④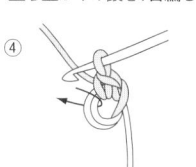
細編みを編み入れる

⑤
糸端を少し引いて
動いた方の輪を
引き、輪を縮める

⑥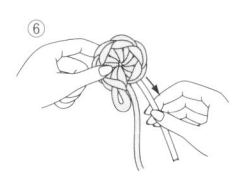
糸端を引いて引き締める

⑦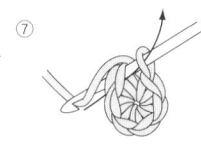
1目めの細編みの
頭に針を入れ、
引き抜き編みを編む

＊細編み以外を編み入れる
場合も同じ要領で編む

## 編み目記号

### ◯ 鎖編み

① ② ③ ④
これは作り目の
数に含まれない

⑤ 鎖5目

### ● 引き抜き編み

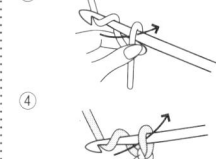
① ②

### ✕ 細編み

① 立ち上がり鎖1目
② 
③ 未完成の細編み
④

### ⋏ 細編み2目一度

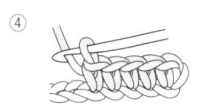
① ② ③

### ⋎ 細編み2目編み入れる

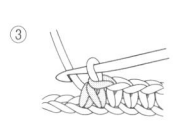
① 同じ目に編み入れる
②

＊玉編みや「2目編み入れる」などの記号で、下側が $\langle\rangle$ や $\vee$ のように閉じていないときは、前段の鎖をそっくり（束に）すくって編む

### ⋉ 細編みのすじ編み

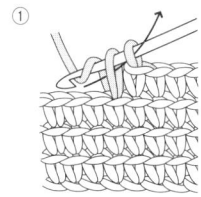
① 前段の目の向こう側半目に針を入れて細編みを編む

②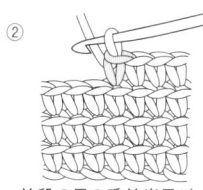
前段の目の手前半目がすじ状に出る

### ⋎ 細編みのすじ編み 2目編み入れる

＊細編みのすじ編みの要領で同じ目に2目編み入れる

### T 中長編み

① 立ち上がり鎖2目
土台の目

②
未完成の中長編み

③ ④

### ◫ 中長編み3目の玉編み

① 未完成の中長編み

②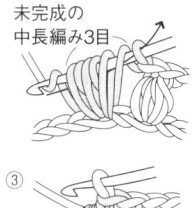
未完成の中長編み3目

③

### ◫ 中長編み3目の玉編みのすじ編み

＊細編みのすじ編みの要領で中長編み3目の玉編みを編む

### ⧅ 中長編み3目の変形玉編み

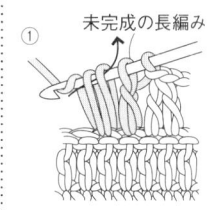
① 未完成の中長編み3目
未完成の中長編みを3目編み、針に糸をかけて矢印のように引き抜く

②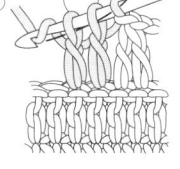
さらに針に糸をかけて引き抜く

③

### ⊤ 長編み

① 立ち上がり鎖3目
土台の目

②
③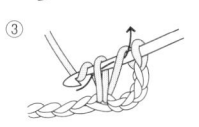
④ 未完成の長編み
⑤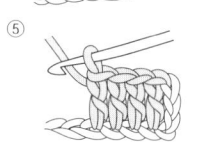

### ⋀ 長編み2目一度

① 未完成の長編み

②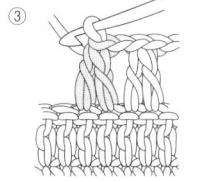
未完成の長編み2目

③

## 長編み2目編み入れる

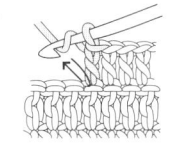

①

② 

*目数が変わる場合も同じ要領で編む

## 長編み3目の玉編み

① 未完成の長編み

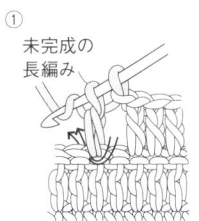

② 未完成の長編み3目

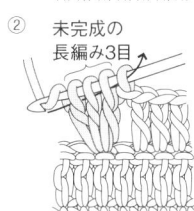

③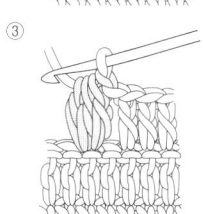

*目数が変わる場合も同じ要領で編む

## 長編み表引き上げ編み2目編み入れる

長編み表引き上げ編みの要領で長編みを同じ目に2目編み入れる

## 長編み表引き上げ編み

①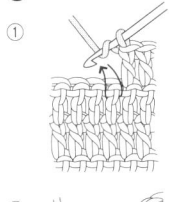

②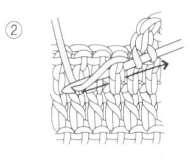

③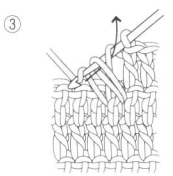

未完成の長編み表引き上げ編み

④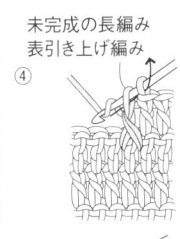

⑤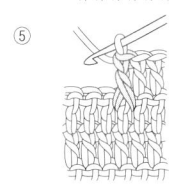

## 長編み裏引き上げ編み

①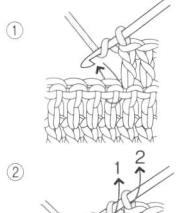

② 1 2

③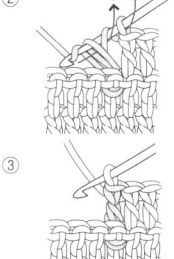

## 長々編み

① 2回巻く
立ち上がり鎖4目
土台の目

②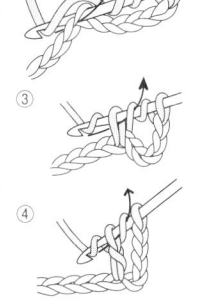

③ 

④ 

⑤ 未完成の長々編み

⑥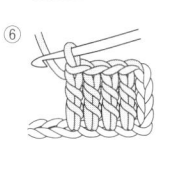

## 三つ巻き長編み

① 立ち上がり鎖5目
土台の目
図の位置に針を入れ、糸をかけて引き出す

② 1 2 3 4

③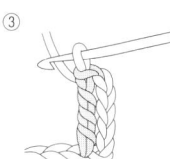

## 鎖3目のピコット

① 鎖3目

②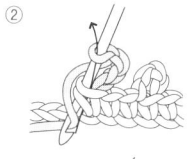

③

*目数が変わる場合も同じ要領で編む

## スレッドコード

① 鎖編みの編み始め　編む長さの3倍残す

② 残した糸を手前から向こう側にかける

③ 鎖編みのように糸をかけて引き抜く

④

## 巻きかがりはぎ（全目の場合）

①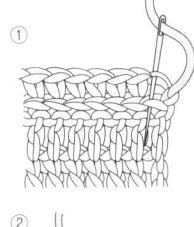

②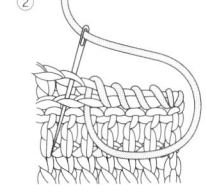

## 巻きかがりはぎ（半目の場合）

①

②

## 鎖編みと引き抜きとじ

① 引き抜き編みで2枚をとじる

② 次の引き抜き編みまで指定の数の鎖編みをする

## チェーンつなぎ

① とじ針で1目作る

② 表にひびかないようにして編み地の裏側に通す

## 作り方58ページ キラキラ糸の台形ハンドバッグの本体の1段めの編み方

① ——33目

② 糸をかけて引き出す

鎖33目を編み、かぎ針にかかっている糸の輪を棒針に移す。1目飛ばして32目めの半目に針を入れる

③ 表目が編めた。次からは隣の目に①と同様に針を入れ表目を編む

④ 

95

## 川路ゆみこ
Yumiko Kawaji

ニットデザイナー。幼いころから好きだったニットを結婚後本格的に学び、デザイナーに。本や雑誌、展示会などで作品を発表し、作りやすさとデザインのよさを兼ね備えた、ほどよく甘い作品にファンが多い。著書に『オーガニックコットンで編む　可愛いベビーニット』『「刺しゅう糸」×「かぎ針編み」de ちいさくて可愛いもの　アクセサリー、ストラップ、ミニポーチ……』（ともに主婦の友社）など。

http://apricot-world.com

・アートディレクション
山口美登利
・デザイン
堀江久実、千鶴緑也（山口デザイン事務所）
・撮影
回里純子、中辻 渉
中野博安、山下恒徳、下瀬成美
・スタイリング
南雲久美子、荻津えみこ(p.30)
・ヘア&メイク
梅沢優子、堀江里美(p.33)
・モデル
マイコ ティファニー
松永ちさと、美保なな実、宮本りえ
・製作協力
穴瀬圭子、植田寿々、桂木里美、白川 薫、西村久実
・作り方解説
岡野とよ子（リトルバード）
・作り方トレース
day studio（ダイラクサトミ）
・校正
廣瀬詠子
・編集
増澤今日子、平野陽子（NHK出版）

撮影協力　アワビーズ、UTUWA、EASE
表紙 ワインレッドワンピース、p.5 チュニック、p.8 セーター、p.9 ネイビーワンピース／ネニル流山おおたかの森店（042-538-3622）
p.5 リネンワンピース、p.28 ワンピース／ ao daikanyama（03-3461-2468）
p.7 ブラウス、スカート、p.26 ワンピース、T シャツ（すべてブラス ブラム）／ Vlas Blomme 目黒店（03-5724-3719）
p.8 ギャザースカート、p.11 モスグリーンワンピース、p.17 白ワンピース、p.22 レンガ茶ワンピース、p.38 ギャザースカート、p.41 グレースカート（すべてメゾンド ソイル）／メゾンド ソイル 恵比寿店（03-5773-5536）
p.12 深緑スカート（オニール オブ ダブリン）、p.38 サボ（エキスパート）／ビューカリック & フロリック（03-5794-3553）
p.35 ワンピース／ CARBOOTS（03-3464-6868）
p.41 レースアップシューズ／ BASIC AND ACCENT 自由が丘店（03-5731-7200）

川路ゆみこのニット & クロッシェ
着る、巻く、持つ。

2017（平成 29）年 9 月 20 日　第 1 刷発行

著者　　川路ゆみこ　©2017　Yumiko Kawaji
発行者　森永公紀
発行所　NHK 出版
　　　　〒 150-8081 東京都渋谷区宇田川町 41-1
　　　　TEL 0570-002-047（編集）
　　　　TEL 0570-000-321（注文）
　　　　ホームページ　http://www.nhk-book.co.jp
　　　　振替　00110-1-49701
印刷・製本　凸版印刷